✝ FORTE & CORAJOSA

CB054613

+ FORTE & CORAJOSA

Descobrindo a sua força e potencializando a sua felicidade

KARINA BACCHI

EDITORA VIDA
Rua Conde de Sarzedas, 246 — Liberdade
CEP 01512-070 — São Paulo, SP
Tel.: 0 xx 11 2618 7000
atendimento@editoravida.com.br
www.editoravida.com.br
@editora_vida /editoravida

Editora-chefe: Sarah Lucchini
1ª Edição: Maurício Zágari
2ª Edição: Sarah Lucchini
Revisão ortográfica:
Raquel Fleischner e Paulo Oliveira
Revisão de provas: Eliane Viza
Projeto gráfico e diagramação:
Claudia Fatel Lino, Marcelo Alves
e Vanessa S. Marine
Capa: Claudia Fatel Lino

+ FORTE E CORAJOSA
© 2023, by Karina Bacchi

Todos os direitos desta edição em língua portuguesa são reservados e protegidos por Editora Vida pela Lei 9.610, de 19/02/1998.

É proibida a reprodução desta obra por quaisquer meios (físicos, eletrônicos ou digitais), salvo em breves citações, com indicação da fonte.

Exceto em caso de indicação em contrário, todas as citações bíblicas foram extraídas da *Nova Versão Internacional* (NVI) © 1993, 2000, 2011 by International Bible Society, edição publicada por Editora Vida. Todos os direitos reservados.

Todas as citações bíblicas e de terceiros foram adaptadas segundo o Acordo Ortográfico da Língua Portuguesa, assinado em 1990, em vigor desde janeiro de 2009.

As opiniões expressas nesta obra refletem o ponto de vista de seus autores e não são necessariamente equivalentes às da Editora Vida ou de sua equipe editorial.

Os nomes das pessoas citadas na obra foram alterados nos casos em que poderia surgir alguma situação embaraçosa.

Todos os grifos são do autor, exceto os indicados.

1. edição: ago. 2023

Dados Internacionais de Catalogação na Publicação (CIP)
(Câmara Brasileira do Livro, SP, Brasil)

Bacchi, Karina
    + forte e corajosa : descobrindo a sua força e potencializando a sua felicidade / Karina Bacchi. -- 1. ed. -- São Paulo: Editora Vida, 2023.

   ISBN 978-65-5584-417-7

   1. Coragem - Aspectos religiosos 2. Deus (Cristianismo) - Adoração e amor 3. Espiritualidade 4. Fé (Cristianismo) 5. Medo - Aspectos religiosos 6. Vida cristã I. Título.

23-152098   CDD-248.86

Índice para catálogo sistemático:
1. Fé : Coragem : Cristianismo   248.86
Henrique Ribeiro Soares - Bibliotecário - CRB-8/9314

AGRADECIMENTOS

Meu agradecimento profundo a Deus,
pela vida a mim concedida e por tudo que
tem me permitido viver.

Minha gratidão a todos os pastores, ministros,
apóstolos e irmãos em Cristo, que, ao longo
do caminho, compartilharam generosamente
comigo histórias de vida, conhecimento e de
suas jornadas cristãs, encorajando-me a
seguir firme em fé e propósito.

Gratidão aos que, diariamente, se dedicam à
missão de viver e pregar o Evangelho por
todo o mundo, a toda criatura.

Gratidão também aos irmãos virtuais que, a
cada dia, conectam-se comigo e com a Palavra
de Deus através das redes sociais e plataformas
digitais. Todos vocês, queridos, são presentes
de Deus em minha vida. Que juntos inspiremos
uns aos outros, crescendo em sabedoria, fé e
determinação para avançarmos em santificação
na direção celestial e permanecermos no
centro da vontade de Deus.

DEDICATÓRIA

Este livro é dedicado, primeiramente, à razão de esta obra existir: Jesus. Com total reverência, devoção, zelo, honra e glórias àquele que, mesmo tendo natureza eterna, veio até nós para nos ensinar, amar, redimir e possibilitar a salvação.

Esta dedicatória se estende também aos meus pais, Italo e Nadia, e ao meu filho, Enrico, os quais amo imensamente. Por meio deles, sou movida dia a dia em direção a Deus. Celebro com o coração imerso em gratidão a bênção de tê-los ao meu lado.

Ao Espírito Santo, meu fiel ajudador, pela inspiração, liderança e companhia diária, e ao Deus altíssimo, meu Pai celestial, perfeito em graça, poder, justiça e amor. Que sejam sempre glorificados e exaltados por intermédio da minha vida e de toda criatura.

SUMÁRIO

Prefácio
PÁG. 17

Introdução
PÁG. 23

Capítulo 1
Vença os medos
e avance em seu
propósito
PÁG. 31

Capítulo 2
Encare seu passado
e escreva uma nova
história
PÁG. 49

Capítulo 3
Pensamentos
vitoriosos
PÁG. 71

Capítulo 4
Você é quem Deus diz que é!
PÁG. 89

Capítulo 5
Vá além dos seus limites!
PÁG. 107

Capítulo 6
Vitoriosa nas aflições
PÁG. 123

Capítulo 7
Vença as tentações
PÁG. 141

Capítulo 8
Supere os desafios do dia a dia e vença o cansaço
PÁG. 161

Capítulo 9
Deus tem um propósito para a sua vida!
PÁG. 177

Capítulo 10
Seja forte e corajosa como Jesus!
PÁG. 197

Mensagem final
PÁG. 215

Tive o prazer de conhecer o ministério da Karina Bacchi há dois anos. Durante toda minha jornada e caminhada cristã, poucas vezes encontrei alguém cujo coração e chamado resplandecem com tanta honestidade e paixão como o dela. Em + *Forte e Corajosa*, a caminhada de Karina se evidencia na sua transformação, seu encontro com Jesus e sua entrega diária, que nos inspira a manter o nosso foco em Cristo e nos lembra de que amá-lo é melhor que a própria vida. Este livro irá encorajá-la a continuar crescendo e se fortalecendo espiritualmente no Senhor!

CHANTELL COOLEY
Cofundadora da Columbia Southern Ministry e
fundadora do Chantell Cooley Ministries

Se é verdade, como dizem, que "crescer dói", mudar de vida pode doer ainda mais, principalmente quando você é uma pessoa midiática e que tem todo um futuro de glórias pela frente. Diante do desafio da transformação, podemos dramatizar, negar, adiar o processo ou passar pelas fases aceitando o desafio e vivendo os resultados. Tudo isso é elevado à potência máxima quando a mudança envolve conversão e encontro com Deus. Essa foi exatamente a experiência que Karina Bacchi viveu e partilhou neste livro + *Forte e Corajosa*, lançado pela Editora Vida. Nele é possível descobrir, para além da experiência partilhada, que a verdadeira força e coragem vêm de Deus, o mesmo que atuou na vida da autora e pode atuar na vida de cada um de nós.

RODRIGO SILVA
Arqueólogo, teólogo e professor da Unasp

"Mulher virtuosa, quem a achará? O seu valor muito excede o de rubis" (Provérbios 31.10). Essas palavras definem como é uma mulher segundo o coração de Deus. E foi exatamente isso que eu senti quando conheci a Karina. Uma mulher que ama a Jesus e que se permitiu ser transformada por ele de tal maneira que é possível sentir a presença do Espírito Santo em seu olhar, suas atitudes e em suas palavras. Eu não tenho dúvidas de que este livro vai trazer cura às feridas que ainda estão abertas na sua alma, amadurecer a sua vida espiritual e ajudá-la a se tornar a mulher que o Senhor quer que você seja.

PR. ANTÔNIO JÚNIOR
Pastor, escritor *best-seller* e influenciador digital
com mais de 20 milhões de seguidores

Em + *Forte e Corajosa*, Karina Bacchi nos encoraja a enfrentar a vida com coragem e determinação em Deus. Com uma mensagem clara e objetiva, ela nos incentiva a confiar no poder de Deus para superar os desafios e alcançar nossos objetivos. Seu lindo testemunho e experiência de vida fazem dela uma voz relevante para mulheres de todas as idades, inspirando-as a se tornarem mais fortes e corajosas em sua jornada de fé.

PR. JUNIOR ROSTIROLA
Autor *best-seller* com o livro *Café com Deus Pai*

Ele escolheu nos chamar de fortes e corajosas. Ele escolheu nos convidar e experimentar uma força e coragem, que não brotam de nós mesmas, mas fluem da presença dele dentro de nós.

Foi assim com Josué quando ele enfrentou o desafio de uma liderança tão desafiadora. Mesmo se sentindo pequeno e incapaz, Deus deu uma ordem: "Esta é minha ordem: Seja forte e corajoso! Não tenha medo nem desanime, pois o Senhor, seu Deus, estará com você por onde você andar" (Josué 1.9b, NVT).

Karina traz neste livro essa verdade não só escrita nessas linhas de papel, mas escrita em sua própria vida. Prepare-se para receber uma nova dimensão da força e coragem que fluem de Deus através de uma mulher que decidiu andar com Deus.

VIVIANE MARTINELLO
Pastora e escritora *best-seller*

A Bíblia está cheia de mulheres de fé, corajosas e extraordinárias. Mulheres que enfrentaram reis, reinos, impérios e, acredite, com sua fé, "surpreenderam" Deus, como a mulher siro-fenícia diante de Jesus. A Karina faz parte dessa galeria de mulheres, que, pela fé em Jesus, desafiam a si mesmas a viverem uma vida apaixonada pelo Evangelho. + *Forte e corajosa* tem sido a jornada da Karina em seguir com intensidade os passos de Cristo! Mais do que termos uma mensagem, é sermos uma mensagem, e posso dizer, em nome de Jesus, que a Karina não apenas tem uma mensagem, ela tem sido uma mensagem de transformação pelo poder do Evangelho!

Graça, paz e misericórdia.

PR. LUCAS GOMES
Pastor auxiliar da Igreja Pura Fé, diretor do Instituto
Bíblico Pura Fé, escritor e pregador do Evangelho
desde os cinco anos de idade

Quando eu conheci a Karina, fiquei impactada com sua velocidade em aprender de Deus e com sua intensidade em se consagrar ao Senhor em um nível tão profundo. Como sua conversão me edificou! Não só isso, mas sua busca por Deus e, principalmente, a convicção com que ela renunciou ao estilo de vida do mundo me impactaram muito. Todos nós que amamos ao Senhor sabemos como é desafiador renunciar ao mundo, ainda mais se nele tivermos êxito, fama, sucesso, popularidade. Isso, porque sabemos que nem todos deixam essas coisas por Jesus, mas a Karina deixou. E tenho visto o Senhor realizar uma grande obra em sua vida! Que alegria poder ver neste livro os frutos dessa conversão genuína! Tenho certeza de que, assim como Deus tem usado a Karina para impactar a vida de milhares de pessoas, este livro também será um instrumento do Senhor para salvação, edificação e transformação da vida de milhares de milhares!

PRA. SARAH SHEEVA
Pastora-missionária, mentora e conselheira sentimental-
-familiar, cantora e escritora *best-seller*

PREFÁCIO

O meu nome é Christian Calderin, mais conhecido como Chris Durán. Sou casado com uma brasileira chamada Poliane Calderin e pai de uma jovem chamada Esther Calderin. A minha família é natural da França, e sou filho de pai francês e mãe espanhola. Nasci e fui criado numa cultura francesa — diferente da brasileira —, mas aprendi a cultura do Reino, e foi esta que me fez ser o que sou hoje.

O Senhor foi o meu discipulador, o meu mestre, o meu guia e o meu orientador. Hoje, atuo como pastor, levita e adorador. Não nego o Senhor e o glorificarei todos os dias da minha vida. Ensino a minha casa, a congregação que pastoreio, os membros que pertencem à igreja — na qual fui levantado como líder pelo próprio Senhor — a serem prudentes, sábios e tementes ao Senhor.

Um homem e uma mulher que temem a Deus são pessoas sábias, porque o temor do Senhor é o princípio da sabedoria. Ensino os jovens também a serem fortes e santos. Todas as palavras ministradas, vindas da parte de Deus, para minha vida eu as transmito para minha congregação, conduzindo crianças, jovens, mulheres, homens, adultos, pessoas idosas a viverem uma vida de compromisso com o Eterno para alcançarem a vida eterna. E para as mulheres, tenho uma palavra especial!

Sinto-me honrado pelo convite da Karina, por poder expressar um ensinamento para todas as mulheres que lerão este prefácio. A minha esposa é ensinada dentro da minha casa a ser uma auxiliadora, uma companheira fiel, uma administradora e mãe por excelência. As palavras que ela tem recebido têm fortificado o seu coração a entender, honrar e admirar o seu esposo.

Hoje, sou um homem grato por tudo aquilo que o Senhor tem feito em minha vida. A minha filha está crescendo nos princípios e nos propósitos da Palavra de Deus e está sendo educada para ser uma mulher graciosa.

A palavra do Senhor veio a mim, e a entrego a todos aqueles que possam ler este livro: "A mulher graciosa [aquela que tem graça], ela guarda a sua honra como um violento guarda as suas riquezas" (Provérbios 11.16 – acréscimo do autor). O que isso significa? Que a mulher graciosa aos olhos do Senhor deve guardar a "sua beleza", "sua formosura" e "encanto" como um violento guarda as suas riquezas. A tradução precisa da palavra "honra", no hebraico antigo, quer dizer "encanto"; encanto de uma mulher formosa.

Uma princesa deve se guardar, uma mulher virtuosa deve se guardar, e a honra dessa mulher deve ser mantida em segurança e em proteção. Gostaria de instruir todas as leitoras a entenderem quão precioso é guardar a sua honra. Se você decide guardar a sua honra, isso a tornará forte. Se proteger a sua honra você se tornará vitoriosa.

Uma mulher que zela por sua honra defende o mais precioso dos tesouros; ela se torna uma guardiã, uma defensora de um tesouro inestimável! Aquela que compreende os princípios de honra entende acerca dos princípios do Reino de Deus.

A honra da mulher é o que há de mais valioso. A santidade e a nobreza também podem ser a beleza de uma mulher, pois a graça daquela que agrada a Deus não se mede por sua maquiagem, muito menos por seus brincos, pulseiras e enfeites. A beleza não se trata somente de uma imagem física, desenhada, pintada por mãos de escultores. Não!

PREFÁCIO

A beleza e os encantos de uma mulher se manifestam pela sua nobreza, pelo seu caráter, pelo seu coração e doçura, e são esses encantos que cativam o coração daquele que a admira com um olhar apaixonado.

Acredito que o Senhor "se apaixona". Ele ama como um noivo apaixonado por sua noiva e escolhe dividir seu coração com aqueles que decidem pagar o preço para se santificar e desenvolver o caráter de Cristo.

O versículo aponta para o termo graciosa, mas é importante compreendermos sobre a menção da palavra "violência". Cara leitora, você é "violenta" ou é meiga a ponto de se tornar passiva quando vêm os violentos? Pois uma mulher que é preparada para o combate, uma verdadeira escudeira, defenderá o seu tesouro.

Uma mulher pronta para o combate preservará a sua honra, os princípios, o Senhor, a santidade, a sua família, a palavra do Eterno e os ensinamentos que devem ser aplicados para que a sua honra, os seus "encantos", a sua beleza, a sua formosura não sejam roubados, não sejam saqueados. Sendo assim, ela se torna forte.

Uma mulher que é forte não desiste das batalhas que deve enfrentar. Enquanto há força, essa mulher batalha, e quando isso acontece, ela se torna uma guerreira **FORTE** e **CORAJOSA**!

Fortes e corajosas são todas aquelas que decidem guardar a sua honra como um violento guarda as suas riquezas. A minha filha é instruída a como guardar a sua honra, por isso ela é uma jovem honrada e será uma mulher honrada quando alcançar a sua maturidade. A minha esposa foi ensinada a guardar a sua honra, os princípios, a defender o que é mais precioso — o Espírito Santo —, e, hoje, sou um homem feliz porque em minha casa há mulheres fortes e corajosas.

Qual é o valor de uma mulher assim? O seu valor excede ao dos rubis, das pedras preciosas ou de qualquer diamante. O valor de uma mulher que tem encanto em seus lábios — mas não confunda com o "encanto" deste mundo —, que tem encanto da beleza, da nobreza, que cativa o Noivo e se adorna para o casamento com ele é incalculável porque ela guarda a sua santidade. Mas, para guardar algo, é necessário estar preparado para defender. E uma mulher pronta para proteger algo de muito valor precisa ser FORTE e CORAJOSA.

Quantas lutas inúmeras mulheres têm enfrentado atualmente! Quantas delas têm sido derrotadas por não terem sido instruídas a guardar princípios de honra! E quantas têm sido desonradas e machucadas!

Para você, mulher, tenho boas novas: há esperança! Há esperança para você que foi desonrada. Para você que foi ferida e machucada. Quando você entende o princípio da mensagem que está escrita no livro de Provérbios, capítulo 11, guarda a sua honra, sendo FORTE e CORAJOSA.

O prefácio deste livro resume o título: + *Forte e corajosa*. E em verdade, em verdade, eu digo para todas as mulheres: a minha esposa tem sido forte e corajosa; a minha filha tem sido forte e corajosa, a Karina tem sido forte e corajosa, então seja, pois, você, leitora, FORTE e CORAJOSA, uma mulher disposta a defender os seus tesouros.

Chris Durán

PASTOR E LÍDER DE ADORAÇÃO

INTRODUÇÃO

Minha querida irmã, o livro que você tem em mãos é um convite. Não apenas ao entendimento mais profundo acerca de si mesma, mas, principalmente, a respeito do Pai celestial. Nas páginas desta obra, que escrevi com muito amor, dedicação e certeza de estar cumprindo um direcionamento de Deus, você será instigada a descobrir a sua identidade no Senhor e terá acesso a conteúdos que a ajudarão a se tornar ainda mais forte e corajosa à luz da Bíblia.

Meu desejo é que este livro seja precioso para sua jornada de fé. Por isso, preparei perguntas reflexivas, orações e páginas interativas que a inspirarão a dar passos de fé e assumir posicionamentos firmes diante das promessas que Deus tem para a sua história.

Você conhecerá também um pouco mais do meu testemunho, da trajetória de alguns personagens bíblicos e, a partir dessas conexões, conhecerá mais a si mesma e ao seu Criador. Tenho certeza de que você será encorajada e, ao fim desta leitura, ficará surpresa com o que Deus pode fazer em nossa vida.

Minha história com o tema *força e coragem* não é recente. Não foi uma nem duas vezes que me deparei com obstáculos que tive de enfrentar. Constantemente, as pessoas me enxergam como alguém com personalidade calma e tranquila, com uma vida perfeita, sem complicações e com atitude sempre positiva diante das circunstâncias. Quem me dera fosse assim! Os dias também são desafiadores para mim, não apenas por causa da busca constante para me tornar cada vez mais parecida com Cristo, mas por conta da minha rotina.

Às vezes, tenho tanto a fazer que sinto que não vou dar conta. Você também se sente assim? Nessas horas, porém, esforço-me para encarar as situações com perseverança, coragem, calma e força, e entendo que por esse motivo muitos que me conhecem acham que tenho tudo sob controle. O que nem sempre as pessoas enxergam é a fonte de onde vêm essas virtudes. Minha entrega constante aos pés de Jesus me levou mais alto do que eu jamais havia chegado até então. Ao seu lado, descobri o sentido da minha vida, conheci mais a fundo minha real identidade e vislumbrei o propósito de minha existência. Também aprendi a lutar minhas batalhas pela sua força, e não pela minha.

Nem sempre foi assim. Desde o nascimento, fui estimulada a ser uma menina confiante e destemida. Acredito que, por ter nascido prematura, com a saúde mais sensível e estrutura física delicada, meus pais se sentiram compelidos a me ensinar a ser resistente e a acreditar no meu potencial, como forma de me prepararem para o mundo que eu teria de enfrentar.

Esse estímulo me impulsionou a ser realizadora e a assumir uma postura ousada diante de desafios, obstáculos e triunfos que dependessem de mim, pessoal e profissionalmente. Sempre me senti capaz de sonhar e partir em busca das minhas aspirações. Eu achava que conseguiria mudar a rota quando necessário e assumir minhas escolhas — e suas consequências. Acreditava que colheria aquilo que plantasse e, assim, semeei ao longo da jornada.

Minha carreira começou quando eu tinha quatro anos de idade. Nessa época, comecei a trabalhar como modelo de

INTRODUÇÃO

propaganda e segui como atriz e apresentadora. Já adulta, tornei-me empresária e profissional da área artística. Por um curto período, também me arrisquei como cantora de um grupo musical, fui autora de livros infantojuvenis e participei de alguns *realities shows* na televisão, dos quais fui vencedora de dois. Em um mundo de aparências, a todo o momento fui dedicada e tentei ser real no que me propus a fazer. Eu era segura, entusiasmada e grata pelas conquistas. Parecia que isso me bastava, mas, certo dia, percebi que estava muito enganada.

Embora acreditasse em Deus desde pequena, hoje percebo que não o conhecia de verdade. Sentia-me forte e corajosa aos meus olhos e segundo os padrões do mundo, mas estava cega para o verdadeiro sentido da vida e para a fonte de toda força e coragem. No fundo, eu carregava uma incompletude e uma falta de propósito que não sabia explicar. Sem perceber, eu buscava sempre por algo mais, que nunca conseguia encontrar.

Como alcançava todas as metas que estabelecia, eu tinha a sensação de estar em evolução, criando e concretizando objetivos. Mas faltava um senso maior de propósito no que eu fazia. Foi quando comecei a me sentir realmente frustrada! Hoje, percebo que algo estava mudando em mim. O que antes tinha importância, como a opinião das pessoas e a reputação de uma mulher e profissional vencedora, passou a me confrontar e a trazer à tona uma insatisfação interna e urgente. Aos poucos, fui conduzida a um deserto necessário que eu evitava. A verdade é que eu precisava olhar para mim despida da imagem que havia criado consciente e inconscientemente. Tinha chegado o tempo de encarar quem eu era sem a fantasia de super-heroína. Logo eu, que sempre gostei de desafios e nunca desanimei em nenhuma luta, vi-me vencida pelo cansaço, pelo medo e por uma lista de mentiras. Ao longo dos anos, passei por gangorras emocionais intensas. Fazia tudo do meu jeito e lutava somente com as próprias mãos, o que começou a ser insuficiente e desgastante.

Então, quando decidi encarar minha fraqueza e perguntar a Deus, ele se revelou a mim. De joelhos, prostrei-me diante dele com o coração em pedaços e me deparei com uma Karina que eu não sabia que existia. Em seus braços, fui convencida de minha fragilidade. Assim, estendi as mãos em busca de auxílio, como quem pede socorro e perdão. Encontrei, na presença do Pai celestial, descanso, profundo amor e uma paz inigualável. Eu nunca havia sentido nada igual!

Desde então, jamais fui a mesma. Essa transformação me levou a compreender algo que mudou tudo em minha vida: os conceitos divinos de força e coragem andam na contramão do que a sociedade impõe como verdade. É por isso que, ao olhar para trás, arrependo-me da minha autossuficiência e de me esquecer do Criador, pois gostaria de ter conhecido profundamente Deus antes — muito antes!

Por outro lado, fico feliz por saber que não foi tarde demais para mim. Hoje, pela graça do meu Senhor e Salvador, posso dizer com todas as letras que sou forte e corajosa! Por quê? Porque o Senhor é quem me sustenta, direciona e me concede favor, alegria, ânimo e ousadia para seguir firme neste mundo. E se ele transformou a minha história, também pode fazer o mesmo com a sua.

Karina Bacchi

FORTE

& CORAJOSA

VENÇA OS *medos* E AVANCE EM SEU *propósito*

"Em meio às minhas lutas, descobri como depender de Deus, desenvolver a fé e enfrentar as cicatrizes do passado e os medos."

Você sente medo? Arrisco dizer, sem medo de errar, que sim. Afinal, qual de nós está livre desse sentimento? Não é de estranhar que todas tenhamos muitos temores, pois o medo é um estado emocional, que Deus nos permitiu vivenciar diante de uma situação de perigo. Entenda: diante de uma ameaça, é saudável que você se proteja. Por isso, o medo é natural e necessário para a sobrevivência. É ele que nos mantém longe da beira do precipício, por exemplo, e com isso preserva a nossa vida.

Deus é tão perfeito e intencional em tudo o que faz, que, ao nos criar, pôs em nosso organismo um escape para as circunstâncias consideradas ameaçadoras. Sem esse estado de alerta, nossa vida estaria em risco. Entretanto, você poderia se perguntar: então, sentir medo é sempre algo bom?

Não, nem sempre. Embora seja útil para nos proteger de cenários desfavoráveis e arriscados, o medo, em excesso, também pode nos paralisar e se tornar um grande obstáculo para uma vida plena e cheia de entusiasmo e paz. Além de nos roubar a confiança e a esperança, quando alimentado, ele nos limita, desmerece nossas capacidades e nos atormenta profundamente.

Se, por um lado, sentir medo nos previne e preserva de nos expormos a situações potencialmente perigosas, por outro, se ele se torna extremo e constante, acaba nos paralisando, despertando estados agudos de ansiedade e trazendo profundos prejuízos.

✛ FORTE & CORAJOSA

Mas quando é que o medo deixa de ser um instinto saudável de autopreservação e se torna debilitante e negativo? A resposta é simples: quando ele passa a governar a nossa vida. É por esse motivo que quem deixa o medo prejudicá-lo precisa lutar contra ele!

> *Pergunte a si mesma:* será que o medo está dificultando que eu alcance meus objetivos e tenha experiências enriquecedoras? Ele está me paralisando e afetando minhas emoções, minha saúde mental, meus relacionamentos e o avanço de meus planos e projetos, nem que seja só um pouco?
>
> ○ SIM   ○ NÃO

Em caso positivo, precisamos conversar profundamente sobre os seus temores, para que você consiga enfrentá-los, vencê-los e, com isso, desfrutar de uma vida vitoriosa e repleta de todas as experiências extraordinárias que Deus preparou para você. Mas, antes, é importante que eu lhe fale algo sobre mim, para que nossa caminhada seja realmente edificante e transformadora para você.

DE IGUAL PARA IGUAL

Quando escrevo a respeito de tudo o que estamos tratando neste capítulo, não falo como uma supermulher que está acima do resto da humanidade e fala com a arrogância de alguém que não é afetada pelos temores da jornada. Nada disso! Eu sou um ser humano comum, uma pessoa que de vez em quando peca, que está sujeita aos mesmos problemas que você e que também foi alcançada pela graça e pelo amor de Cristo, liberta dos pecados e transformada pela salvação. No entanto, há algo que tenho aprendido e que desejo compartilhar com você: em meio às minhas lutas, descobri como depender de Deus, desenvolver a fé e enfrentar as cicatrizes do passado e os medos.

Sabia que foi quase perdendo o meu pai — a base de uma família unida em amor — que tive um encontro transformador com Jesus? Sim! De medo, eu entendo! Em janeiro de 2021, quando ele foi internado com covid-19, senti na pele o medo me dominar como nunca. Meu pai, meu porto seguro e alicerce, estava correndo risco de morte, e eu, mesmo tendo conquistado tudo o que um dia quis em minha vida, estava de mãos atadas. Não havia nada que eu pudesse fazer além de buscar bons médicos e tratamento eficaz. O fôlego de vida literalmente estava se esvaindo dele, junto a sua capacidade pulmonar.

Eu via a possibilidade da perda me fragilizar dia a dia diante de toda aquela situação. Então, o sentimento de incapacidade levou-me aos pés do Senhor. De joelhos, clamando pela vida dele e pela minha, encontrei Deus e, então, conheci Jesus como nunca imaginei. Fui abraçada por seu amor, amparada dia e noite e atraída imediatamente para a Bíblia. A partir dali, nunca mais fui a mesma! Experimentei a presença de Deus e desejei profundamente conhecer o seu caráter, as suas vontades e seus planos para mim.

Em meio àquele momento cheio de incertezas, senti a presença de Deus, com seu Espírito, seu encorajamento e seu conselho mais importante: "Filha amada, eu sou seu alicerce, a pedra angular. Deixe que eu a sustente e você terá a força de que precisa, hoje e sempre".

Naquele instante, o temor e o conhecimento acerca do amor de Deus fizeram com que eu me rendesse ao que o Senhor tinha para me ensinar. Encontrei-me com o Criador e fomos agraciados com a cura do meu pai — hoje, também convertido e apaixonado por Jesus.

Por isso, se você enfrenta grandes medos, saiba que estou falando de igual para igual quando transmito o aprendizado que Deus me ensinou nesses anos e que me ajudou a vencer a paralisia causada por temores incapacitantes. Hoje, sou livre! Totalmente liberta, pela fé em Jesus, pelo conhecimento da Palavra e pela plena dependência do Todo-Poderoso! De coração, quero passar a você o que vivi e aprendi, para juntas embarcarmos em uma jornada de força e coragem.

Sou alguém que de tanto se achar forte precisou despencar emocionalmente para questionar a validez da minha autossuficiência. Descobri a força genuína quando encarei quão fraca eu era e quão cansada estava de buscar a felicidade enganando a mim mesma. Sim, essa sou eu... hoje, inteira! Confiável, íntegra e verdadeira, mas, assim como você e qualquer mulher, imperfeita. Uma pessoa totalmente dependente da graça de Deus, de sua misericórdia, seu perdão, amor, sua luz e força.

Sim, essa sou eu, Karina, abrindo o coração para lhe mostrar que a todo instante é tempo de recomeçar — quantas vezes forem necessárias! Sempre é momento de se descobrir, reconstruir e seguir, fazendo valer cada minuto da nossa existência, com sentido, propósito e coragem para persistir até a eternidade!

Eis-me aqui, querida nova amiga. Eis-me aqui, querida irmã, até a eternidade!

FOCO EM JESUS

Há muitas histórias bíblicas para refletirmos e aprendermos sobre o medo, mas gostaria de compartilhar com você sobre uma delas em especial, que traz como protagonista o próprio Senhor Jesus — que, ao deixar os discípulos sozinhos por um momento, logo os encontrou tomados de pavor:

[22]Jesus insistiu com seus discípulos que voltassem ao barco e atravessassem até o outro lado do mar, enquanto ele despedia as multidões. [23]Depois de mandá-las para casa, Jesus subiu sozinho ao monte a fim de orar. Quando anoiteceu, ele ainda estava ali, sozinho.

[24]Enquanto isso, os discípulos, distantes da terra firme, lutavam contra as ondas, pois um vento forte havia se levantado. [25]Por volta das três da madrugada, Jesus foi até eles, caminhando sobre as águas. [26]Quando os discípulos o viram caminhando sobre as águas, ficaram aterrorizados. "É um fantasma!", gritaram, cheios de medo.

[27]Imediatamente, porém, Jesus lhes disse: "Não tenham medo! Coragem, sou eu!".

[28]Então Pedro gritou: "Se é realmente o senhor, ordene que eu vá caminhando sobre as águas até onde está!".

[29]"Venha!", respondeu Jesus.

Então Pedro desceu do barco e caminhou sobre as águas em direção a Jesus. Mas, quando reparou no vento forte e nas ondas, ficou aterrorizado, começou a afundar e gritou: "Senhor, salva-me!"

[31]No mesmo instante, Jesus estendeu a mão e o segurou. "Como é pequena a sua fé!", disse ele. "Por que você duvidou?"

[32]Quando entraram no barco, o vento parou. [33]Então os outros discípulos o adoraram e exclamaram: "De fato, o senhor é o Filho de Deus!".

(Mateus 14, NVT)

✠ FORTE & CORAJOSA

Esse episódio nos mostra que o grande temor dos discípulos naquele momento era a força da natureza, que fazia com que o mar se agitasse. Pedro, por sua vez, temeu o chamado daquela voz que bradava por coragem, porque, de longe, ele não reconhecia Jesus. O discípulo pediu uma confirmação e, mesmo recebendo a ordem do Senhor, ele não estava convicto e focado o bastante. Foi assim que começou a afundar, porque seu foco permanecia no medo, e não na confiança em Jesus.

Nós aprendemos várias lições com essa passagem, mas uma delas se destaca:

Apesar das tempestades, devemos sempre focar em Jesus, e não em nossos medos.

Entretanto, mesmo quando nos sentirmos afundando, Deus jamais desprezará a força de um clamor. Afinal, ele nunca rejeita um coração humilde e arrependido (Salmos 51.17).

ENFRENTE O MEDO COM FÉ

Apesar de sermos humanas e estarmos sujeitas às situações da vida que tecem medos paralisantes em nossa alma, é essencial nos lembrarmos de que para cada situação Deus tem uma maneira única de nos fortalecer. Com ele, somos capazes de transpor muralhas emocionais, espirituais e psicológicas. Quando estamos firmadas no Senhor, acordamos com

VENÇA OS MEDOS E AVANCE EM SEU PROPÓSITO

expectativas positivas e trocamos passos vacilantes por uma caminhada segura.

E qual é a fonte desse fortalecimento? Onde podemos e devemos buscar uma confiança no Senhor forte o suficiente para nos ajudar a derrotar os nossos piores medos? Na Bíblia Sagrada, a Palavra de Deus. Ela é o manancial de onde devemos beber para saciar a sede que temos de força e vencer a incredulidade. Apenas nas Escrituras encontramos todas as respostas de que precisamos.

Você tem medo de faltar o sustento para a sua família, por exemplo? A Bíblia nos ensina que Deus sempre nos proverá o alimento: "Observem as aves do céu: não semeiam nem colhem nem armazenam em celeiros; contudo, o Pai celestial as alimenta. Não têm vocês muito mais valor do que elas?" (Mateus 6.26).

Você tem medo de envelhecer? Saiba que Deus tem grandes planos para nós também nessa fase da vida: "Mesmo na velhice darão fruto, permanecerão viçosos e verdejantes" (Salmos 92.14).

Você tem medo da rejeição? É claro, ninguém gosta de se sentir menosprezado. No entanto, existe um tipo de afeto que vai muito além do que qualquer pessoa pode nos oferecer: "Vejam como é grande o amor que o Pai nos concedeu: sermos chamados filhos de Deus" (1 João 3.1). Nós temos acesso ao amor de Deus, e isso nos deve ser suficiente.

Muitas pessoas têm medo de ficar gravemente doentes. As Escrituras estão recheadas de histórias de curas naturais e sobrenaturais, como as de paralíticos, leprosos, cegos, surdos e a da mulher com fluxo de sangue. Assim, quando o medo rondar a sua vida, lembre-se dos relatos bíblicos de superação e vitória e das lições preciosas que eles carregam consigo. Deus sempre soube que o medo bateria à porta da humanidade das mais diferentes formas e, por isso, deixou-nos em sua Palavra um lembrete constante e extremamente importante: não tenha medo! — em outras traduções da Bíblia: "não temas!". Por quê? Para que nunca nos esqueçamos de que a nossa confiança precisa estar nele, e não nas circunstâncias que nos preocupam e oscilam constantemente.

A confiança inabalável em Deus, que é a nossa fé, faz o medo ruir. As Escrituras também nos garantem que: "No amor não há medo; ao contrário o perfeito amor expulsa o medo, porque o medo supõe castigo. Aquele que tem medo não está aperfeiçoado no amor" (1 João 4.18). Logo, ter conhecimento de que o Senhor nos ama, nos capacita e confia em nós para realizarmos com ele o seu plano perfeito faz com que enxerguemos nosso real valor e reconheçamos a singularidade da nossa essência. E só teremos esse tipo de percepção pelo conhecimento da Bíblia.

Somente por meio do entendimento das verdades divinas é que a nossa jornada se tornará leve, inspiradora e cheia de plenitude, e nos levará a novos níveis de força e coragem, conforme somos aprovadas em cada desafio que enfrentamos com Deus.

Agora, pode ser que, neste ponto, você me diga: "Karina, mas você não sabe o que vivi! É fácil dizer isso quando não se sabe todas as feridas, as dores e as angústias que enfrentei e que deixaram cicatrizes tão profundas em minha alma! É impossível superar esses medos!". Minha querida, é verdade, eu não estava lá quando você viveu tudo o que a marcou tão intimamente. Mas sabe quem estava? O rei Davi responde:

> ¹Ó Senhor, tu examinas meu coração e conheces tudo a meu respeito. [...]
>
> ⁷É impossível escapar do teu Espírito; não há como fugir da tua presença.
>
> ⁸Se subo aos céus, lá estás; se desço ao mundo dos mortos, lá estás também.
>
> ⁹Se eu tomar as asas do amanhecer, se habitar do outro lado do oceano, ¹⁰mesmo ali tua mão me guiará, e tua força me sustentará.
>
> (Salmos 139, NVT)

Sim, Deus estava lá e viu tudo o que lhe aconteceu. Ele conhece as suas dores e os esconderijos mais profundos da sua alma e se entristeceu quando você passou pelos seus piores momentos. Por isso mesmo, ele compreende com detalhes a origem das suas angústias e ansiedades e sabe onde estão fincadas as raízes amargas de seus medos.

Diante disso, será mesmo impossível superar cada um deles? Deixo o próprio Jesus responder a esse questionamento:

Para o homem é impossível, mas para Deus todas as coisas são possíveis.

Essas são as palavras do próprio Cristo, registradas em Mateus 19.26. Tome posse dessa verdade. Minha irmã, Deus tem mais para sua vida. Com ele, você se tornará muito mais corajosa para enfrentar o que está por vir. Ele sara, guia, protege e capacita.

O que você precisa fazer? Crer, focar nas palavras divinas, clamar por socorro sempre que precisar e aprender a depender dele.

Essa não é uma garantia humana, mas uma promessa divina. Creia! Foi Jesus quem disse: "Tudo é possível àquele que crê" (Marcos 9.23, ARA). Sem fé é impossível agradar a Deus, por isso, se você tem dificuldades de acreditar com confiança inabalável de que o Senhor pode transformar o seu pranto em riso e os seus medos em paz, peça a ele que aumente a sua fé. Como escreveu o autor de Hebreus:

> [1]Ora, a fé é a certeza daquilo que esperamos e a prova das coisas que não vemos. [2]Pois foi por meio dela que os antigos receberam bom testemunho.
>
> [3]Pela fé entendemos que o universo foi formado pela palavra de Deus, de modo que aquilo que se vê não foi feito do que é visível.
>
> (Hebreus 11)

Andar com Deus requer fé, coragem, obediência, dependência e fidelidade constantes. Apesar de quase nunca ser fácil, ele prometeu que estaria conosco e nos capacitaria para chegarmos até o fim. Sobre isso, sabe quais foram as últimas palavras de Jesus antes de ele subir aos céus, conforme o registro de Mateus 28.20?

"E lembrem-se disto: estou sempre com vocês, até o fim dos tempos."

Ah, que promessa gloriosa! Que bálsamo para a cura dos nossos medos saber que ele caminha conosco em meio aos pastos verdejantes, mas também no vale da sombra da morte. O nosso Salvador amado está sempre conosco, por esse motivo podemos descansar.

Entende o que isso quer dizer? Nos seus momentos de maior temor, angústia e ansiedade, Jesus está com você! Ele não solta sua mão, não a desampara, não a deixa só, mas a fortalece, segue junto e lhe afirma, assim como Deus assegurou a Josué: "Seja forte e corajosa! Não se apavore nem desanime, pois o Senhor, o seu Deus, estará com você por onde você andar!".

Vamos orar

Se fé é dom de Deus e você tem dificuldade de acreditar que o Todo-Poderoso tem poder para aumentar a sua fé e capacitá-la para vencer todos os seus medos, precisamos orar por isso. Vamos fazer isso juntas agora mesmo? O meu desejo é que você se conecte cada dia mais com o Criador e seja guiada pelos caminhos corretos. Então, pare um pouco e ore comigo.

Querido Pai, Criador, obrigada pela minha vida, pelo amor, pela força e coragem que o Senhor depositou em mim. Agradeço por tudo o que o Senhor representa na minha vida, e na de tantas pessoas, e o que significa para este mundo, criado pelas suas mãos. Eu reconheço a sua grandeza, a sua glória, o seu poder e amor. Muito obrigada por esse Universo tão lindo e pela natureza que nos ensina tanto, Pai. Eu confesso as minhas limitações e, neste momento, peço perdão por todos os pecados, deslizes e por toda a incompreensão que, muitas vezes, me aflige sobre qual é a sua vontade. Oro para que o Senhor me cubra com o seu amor, bondade, perdão e misericórdia.

Pai, sei que a maior fonte do meu fortalecimento é a Bíblia Sagrada. Ajude-me a, diariamente, buscar na sua Palavra a solução para os meus medos e ansiedades. Dê-me respostas e revele-me as promessas que o Senhor tem para minha vida, para que eu caminhe com ousadia e confiança e esmague o medo debaixo dos meus pés. Peço que a compreensão de sua Palavra seja cada dia mais natural para mim e através da meditação bíblica eu encontre a sabedoria que necessito, tenha a minha fé fortalecida e me torne uma coluna inabalável, que não esmorece diante das adversidades.

Sei que o Senhor esteve presente em cada momento de trauma e dor da minha vida e por isso entende o meu sofrimento. E, justamente porque está comigo todos os dias de minha jornada, compreende bem o que vivo e do que preciso. Deposito tudo em suas mãos! Confio no Senhor e reconheço que dependo do Senhor para tudo. Por esse motivo, entrego o que sou aos seus pés, para que se cumpra o seu propósito em minha vida, para honra e glória de seu santo nome!

Em nome de Jesus eu oro. Amém!

VENÇA OS MEDOS E AVANCE EM SEU PROPÓSITO

1. IDENTIFIQUE SEUS MEDOS

Assim como eu me apresentei e falei de mim, convido você a meditar por alguns instantes sobre sua trajetória, identificando os medos que podem estar governando a sua vida. Então, use o espaço a seguir para relatar e analisar seus maiores temores. É importante pôr certas coisas no papel e refletir a respeito delas.

MEUS MEDOS

- _____
- _____
- _____
- _____
- _____
- _____
- _____
- _____
- _____
- _____

2. AS CONSEQUÊNCIAS DE SEUS MEDOS

Agora que você colocou seus medos para fora, é necessário sondar e examinar como os traumas e as dores que viveu afetaram sua vida. Mais uma vez, faça isso de forma escrita, respondendo: atualmente, como você encara as situações? Com confiança em Deus ou deixando o medo paralisá-la?

_____

_____

_____

_____

_____

_____

_____

_____

_____

Se percebeu, a partir dessa resposta, que você precisa avançar mais no compromisso com Deus e na confiança que tem nele, então está na hora de fazermos algo a respeito.

3. VAMOS FAZER UM COMPROMISSO?

Deus veio para que tenhamos vida e vida em abundância. Diante dessa realidade, quero desafiá-la a firmar um compromisso para se manter constante no propósito de fazer do seu relacionamento com Deus a sua prioridade. Seja encorajada, a partir de agora, a enfrentar tudo o que a amedronta, limita ou enfraquece sua caminhada. Vamos firmar isso num compromisso escrito? Você pode voltar a este texto sempre que se sentir atemorizada e se lembrar do pacto que fez com Deus. Se está disposta, assine o termo a seguir:

VENÇA OS MEDOS E AVANCE EM SEU PROPÓSITO

Querido Jesus, assumo que sem o Senhor sou fraca e totalmente incapaz de chegar ao Pai. Também não consigo vencer meus medos e inseguranças sozinha. Sou 100% dependente da soberania de Deus e de seu direcionamento diário para a minha vida. Com a ajuda divina, comprometo-me a viver essa jornada com dedicação e fé, alimentando-me da sabedoria de sua Palavra, para me tornar mais forte e corajosa, a fim de vencer meus medos e todas as barreiras que me impedem de experimentar os propósitos que o Senhor tem para mim. O meu desejo profundo é conhecê-lo mais a cada dia. Eis-me aqui para ser transformada naquilo que o Senhor planejou para mim!

Data: _____

Assinado: _____

2

ENCARE SEU

passado

E ESCREVA UMA NOVA

história

"O ponto de chegada não é o passado; o fim é o belíssimo futuro que Deus tem preparado para você!"

odas nós somos frutos de nossa história. Aquilo que vivemos, sofremos, nos dá alegria, acertamos e erramos faz parte da construção da pessoa que nos tornarmos com o passar dos anos. Cada passo, uma lição. Cada falha, um aprendizado. Cada vitória, um avanço. E assim, atravessando montanhas gloriosas e vales de sofrimentos, a nossa trajetória foi sendo lapidada e forjada — para coisas boas, mas também para coisas más. Infelizmente, muito do que experimentamos acaba deixando marcas fundas, dolorosas e traumatizantes em nossa alma, que não poucas vezes afetam o nosso presente de forma que parece que não sabemos como controlar.

E quer saber? Não sabemos mesmo. A boa notícia é que existe alguém que não só sabe como controlar, mas de fato tem o poder de controlar absolutamente tudo. Como disse o rei Davi, o homem segundo o coração de Deus:

> [11]Ó Senhor, a ti pertencem a grandeza, o poder, a glória, a vitória e a majestade. Tudo que há nos céus e na terra é teu, ó Senhor, e este é teu reino. Tu estás acima de tudo.
>
> [12]Riqueza e honra vêm somente de ti, pois tu governas sobre tudo. Poder e força estão em tuas mãos, e cabe a ti exaltar e dar força.
>
> (1 Crônicas 29, NVT)

✚ FORTE & CORAJOSA

Sim! Sim, minha querida irmã! Nada escapa aos olhos atenciosos do nosso maravilhoso e amoroso Deus. Nada foge do seu controle! Ele testemunhou cada segundo do seu passado, acompanhou cada golpe que a vida desferiu e estava plenamente atento aos detalhes. Até porque, acredite, nos misteriosos e elevados caminhos do Senhor, mesmo as dores do nosso passado são usadas por ele para cumprir seus propósitos eternos e magníficos.

Agora, preste muita atenção: se o passado foi a estrada que você trilhou para chegar onde está hoje, é importantíssimo ter consciência de que ele não é o seu destino. O ponto de chegada não é o passado; o fim é o belíssimo futuro que Deus tem preparado para você! O apóstolo Paulo sabia disso e nos deixou a lição:

> [12]Não estou dizendo que já obtive tudo isso, que já alcancei a perfeição. Mas prossigo a fim de conquistar essa perfeição para a qual Cristo Jesus me conquistou.
>
> [13]Não, irmãos, não a alcancei, mas concentro todos os meus esforços nisto: esquecendo-me do passado e olhando para o que está adiante,
>
> [14]prossigo para o final da corrida, a fim de receber o prêmio celestial para o qual Deus nos chama em Cristo Jesus.
>
> (Filipenses 3, NVT)

Desse modo, se devemos nos esquecer do passado e olhar para o que está adiante, é essencial que não permitamos que o passado nos aprisione. Necessitamos prosseguir. Há muito ainda a ser vivenciado! Entenda:

ENCARE SEU PASSADO E ESCREVA UMA NOVA HISTÓRIA

Deus nos chama a cada dia para seguirmos rumo à realização do nosso propósito e para recebermos de suas bênçãos!

Sei que o passado pode ser um empecilho enorme em nossa vida. Decepções, erros, enganos e traumas que nos feriram intensamente na alma podem nos cegar para as promessas de Deus. Podemos nos sentir incapazes de sermos melhores e acertarmos e, por isso, acabamos nos conformando, enjaulando as nossas capacidades de restauração e desacreditando que um dia teremos vitória.

Por vezes, a culpa que carregamos nos ombros pesa tanto que fica quase impossível caminhar. Mas, creia, não foi para isso que fomos criadas, porque o cativeiro não é a habitação que Deus preparou para nós. Sabe quem é prova viva disso? Eu mesma.

VASO NOVO

Durante muitos anos, vivi no engano. Acreditei que a felicidade estava em ser bem-sucedida, realizar sonhos e vontades pessoais, ser reconhecida unicamente pelos meus méritos e ser elogiada e admirada por muitos. Com isso, segui por estradas ilusórias e destrutivas que me distanciaram de Deus.

Ilustrei revistas sensuais, protagonizei propagandas das quais não me orgulho e vivi personagens que não serviram de exemplo moral para ninguém. Experimentei um mundo em que as aparências e o pecado da sensualidade são iscas usadas estrategicamente para vender produtos de todos os tipos — valorizando o superficial e menosprezando o essencial.

Esse é o trajeto que percorri até chegar aqui. Mesmo acreditando que tudo o que fazia era certo e que em nada eu prejudicava a mim ou aos outros, andei por caminhos que, com certeza, não eram aquilo que Deus havia desenhado para mim. O passado é imutável. Não há nada que eu ou você possamos fazer para alterá-lo. Porém, o nosso amado Jesus é capaz de trazer um novo significado para a nossa história. O Senhor é especialista em apanhar vasos impuros e, com graça, misericórdia, compaixão e amor, desfazê-lo, moldando, com o mesmo barro, um belíssimo vaso novo. Um vaso novo e de honra. Aleluia!

Quando abri meu coração ao Pai, olhei para trás, percebi tudo o que tinha vivido e reconheci quão longe estava da vontade de Deus — mesmo que na época eu não soubesse. Assim que as escamas caíram dos meus olhos, eu me senti culpada, enojada, surpresa por tantos anos vivendo no engano. Eu desejava tanto ser boa, mas, quando caí em mim, me dei conta de quanto estava errando.

O apóstolo Paulo é claro: "Não se amoldem ao padrão deste mundo, mas transformem-se pela renovação da sua mente, para que sejam capazes de experimentar e comprovar a boa, agradável e perfeita vontade de Deus" (Romanos 12.2).

Confesso que, de início, me senti insegura, por não ter referência do que realmente era o certo, de quem me tornaria, de como seria, mas sempre que levei a Deus minhas incertezas, recebi dele a segurança de que necessitava. Precisei dos braços do Senhor para me acolher — e fui acolhida. Necessitei da compreensão divina para preencher um vazio existencial enorme. E quer saber? Ele preencheu muito além do que eu podia imaginar. Fui compreendida e cuidada de uma forma absolutamente maravilhosa.

Foi quando o véu caiu e enxerguei claramente quarenta anos da minha existência vividos na ignorância, em razão da falta de conhecimento da vontade de Deus. Quando tudo se iluminou diante de mim, fiquei sem ar. Mas, logo, ele me supriu com o sopro da vida. O Senhor me encheu com sua presença, me presenteou com sua misericórdia e me alcançou com sua graça! Ele mostrou quão valiosa sou aos seus olhos, e, assim, revivi. Renasci, sem culpa e sem peso! Nesse momento, ele cumpriu a promessa bíblica: a vida antiga tinha acabado, e uma nova teve início. Tornei-me, a partir de então, nova criatura.

No instante em que meu novo nascimento ocorreu, Deus me presenteou com muitas experiências sobrenaturais que demonstravam a sua presença. Uma delas aconteceu durante certo tempo, quando eu acordava pela madrugada com cheirinho de pão e sentia o Espírito Santo me acordando antes de o sol nascer e me confirmando nas Escrituras que Cristo era o pão da vida, o único capaz de curar as minhas dores, fechar as feridas ainda abertas e me transformar por completo. E foi o que aconteceu. O Senhor me restaurou, revelou sua glória a mim e me lembrou de suas promessas.

Meu Pai celestial me ofereceu o melhor presente de todos: seu Santo Espírito. Ele me animou com esperança, me fez ser grata por tudo e me deu alegria e um futuro brilhante. Passei, assim, a me enxergar através dos seus olhos e, com isso, amei aquilo que até então desconhecia: a minha essência em Cristo! Sabe o que é o melhor?

Esse futuro também espera você! E se inicia agora, no presente!

Não importa quão perdida você esteve no passado e quão distante esteve do propósito de Deus, ele a convida, hoje, a construir um relacionamento com ele e a aceita de braços abertos.

A TRANSFORMAÇÃO DE TUDO

Na Bíblia, há inúmeras mulheres que tiveram sua vida transformada quando conheceram e aceitaram a verdade e escolheram abandonar o passado. Raabe, a meretriz cananeia, não se sentiu indigna nem temeu por sua antiga vida. Ela já tinha ouvido falar do poder de Deus e, pela fé, aceitou colaborar com os israelitas na tomada de Jericó. Assim, ela foi salva, preservou sua família e teve a sua história totalmente transformada.

A mulher samaritana é outro exemplo. Antes de Jesus ir ao seu encontro no poço, ela vivia do passado e, por conta do contexto da época, provavelmente devia carregar um fardo pesado por seus erros e discriminação que sofria. Mas no instante em que o Senhor se aproximou docemente, ela não só lhe deu atenção e o reconheceu como profeta, mas creu em suas palavras. A partir dali, aquela mulher se comprometeu com Cristo e passou a testemunhar da mudança que ele havia gerado em seu interior.

Diante do chamado para a salvação e santificação, não olhe para trás. Lembre-se da mulher de Ló (cf. Lucas 17.32).

ENCARE SEU PASSADO E ESCREVA UMA NOVA HISTÓRIA

Ela foi avisada várias vezes acerca do que deveria ou não fazer, mas se encontrava apegada demais à sua vida e ao seu passado. Mesmo perante um direcionamento claro de Deus para que ela, com sua família, deixasse Sodoma para trás — um lugar, segundo a Bíblia, de comportamento moralmente repugnante, promíscuo e abominável ao Senhor —, ela preferiu desobedecer e não acreditar nas palavras divinas. No fundo, a mensagem que aquela mulher nos passa é que ela não queria sair de onde estava nem se desvencilhar do velho, ainda que este tivesse sido condenado por Deus. Então, enquanto a família fugia da destruição da cidade, em vez de focar na salvação que a aguardava, ela olhou para trás a fim de analisar o que estava abandonando e, como consequência, se tornou uma estátua de sal.

Percebe como muitas vezes fazemos o mesmo? Por medo do novo, de um futuro desconhecido, nos conformamos com o passado errante, com os pecados que já cometemos e com as consequências que já conhecemos. Ficamos presas, como se tivéssemos apenas essa alternativa segura — mas não! O chamado e direcionamento de Deus nos garante vitória, plenitude, contentamento e paz, por mais que não saibamos exatamente os detalhes dessa jornada. Portanto, não se preocupe e não olhe para trás.

O apóstolo Paulo é outro excelente exemplo de alguém que, apesar de um passado, também decidiu se render ao Senhor e ser transformado por ele. Era obstinado, forte e batalhador, mas tinha um grave problema: o seu foco não era a genuína vontade divina. Paulo perseguia os cristãos, e isso feria intimamente o coração de Deus.

Será que conseguimos pensar em alguém com um passado pior do que esse? Ele "procurava destruir a Igreja. Ia de casa em casa, arrastava para fora homens e mulheres e os lançava na prisão" (Atos 8.3, NVT). Seria possível um ser humano com um passado de perseguição à noiva de Cristo ter algum tipo de presente e futuro agradáveis aos olhos de Deus? Ou a única opção viável seria viver em condenação, culpa e trevas?

A história fala por si mesma. Aliás, não só a história — o próprio Deus. Em suas palavras ao profeta Ananias, ele fez a inacreditável revelação: "Vá, pois [Paulo] é o instrumento que escolhi para levar minha mensagem aos gentios e aos reis, bem como ao povo de Israel" (Atos 9.15, NVT — acréscimo nosso). Que extraordinário e magnífico! Este é o nosso Deus, que converte o pior dos piores em um vaso de honra, ungido e escolhido para ser um notável homem da fé. O que foi necessário para que essa impressionante e gloriosa transformação acontecesse? A resposta é simples:

O reconhecimento acerca de seu passado e o abandono das velhas práticas. Em outras palavras: arrependimento.

Paulo se arrependeu e fez sua confissão de pecados:

> **5** Fui circuncidado com oito dias de vida. Sou israelita de nascimento, da tribo de Benjamim, um verdadeiro hebreu. Era membro dos fariseus, extremamente obediente à lei judaica. **6** Era tão zeloso que persegui a igreja. E, quanto à justiça, cumpria a lei com todo rigor.
> **7** Pensava que essas coisas eram valiosas, mas agora as considero insignificantes por causa de Cristo.
>
> (Filipenses 3, NVT)

Assim como ele, antes de recebermos a Cristo como nosso Senhor e Salvador, vivíamos fora dos valores cristãos. Matávamos tudo o que representava a vontade de Deus e íamos contra os seus propósitos. Fazíamos como Paulo, em outra proporção, em nosso dia a dia. Por essa razão, muitas vezes, é preciso que Deus nos paralise.

Do mesmo modo como fez com o apóstolo, o Senhor chama atenção de cada um de forma individualizada. Em seu encontro com Cristo, aquele assassino precisou ser contido, estagnado e cegado, para que não pudesse mais caminhar unicamente com o auxílio de seus próprios olhos. Isso também pode ocorrer conosco.

Quem sabe o Senhor, visando ao nosso bem, permita que nossos olhos carnais não enxerguem mais uma saída natural para determinada situação. Isso é ruim? De jeito nenhum! Porque é justamente nesse ponto, quando surgem as fraquezas, a sensação de vergonha do passado, a impotência diante do presente e insegurança diante do futuro que nos damos conta de que somos completamente dependentes do Senhor e necessitamos da intervenção divina em nossa trajetória. E é por intermédio desse reconhecimento e revelação que Deus começa a ter espaço para escrever uma nova história em nossa vida.

O Senhor transformou a visão, a motivação e o propósito de Paulo para que a sua vontade pudesse prevalecer. Apesar do passado vergonhoso do apóstolo, Deus escolheu usar as qualidades daquele homem — a obstinação, a força, inteligência e garra — para disseminar o Evangelho e expandir o Reino. De perseguidor da Igreja e assassino a apóstolo fiel do Senhor. Como isso é possível?

Porque o Senhor pode transformar todas as coisas!

A FORÇA DO ARREPENDIMENTO

Paulo viveu o que todas nós precisamos experimentar para superar o passado, vencer a culpa e ser alvo da construção de um presente e um futuro gloriosos nas mãos de Deus: reconhecer os pecados do passado, trazê-los à luz sem restrições e demonstrar um arrependimento verdadeiro, abandonando as velhas práticas e passando a viver de modo absolutamente sintonizado à vontade divina. É em razão disso que Provérbios nos alerta: "Quem oculta seus pecados não prospera; quem os confessa e os abandona recebe misericórdia" (Provérbios 28.13, NVT).

Para isso, contudo, é necessário tomar uma decisão. Precisamos reconhecer a nossa cegueira espiritual em relação ao chamado de Deus, à nossa identidade e ao que nos cerca. Quando assumimos tudo isso, recebemos nova vida. Não importa quando

ENCARE SEU PASSADO E ESCREVA UMA NOVA HISTÓRIA

o seu chamado ou despertamento virá, se aos 80 anos, aos 40 ou 15. Seja como for, sempre teremos de tomar uma decisão e dar um passo em direção ao Senhor, e a partir daí a sua santa e preciosa presença nos guiará, restaurará e converterá aquilo que era ruim em algo bom.

Os aprendizados serão a bagagem positiva que levaremos conosco. A diferença é que, com Cristo, as cicatrizes já não doerão mais. Nossas capacidades e habilidades dadas por Deus antes mesmo de nosso nascimento serão postas em prática, para a glória dele.

Hoje, percebo que, mesmo tendo errado tanto, valorizado coisas sem significado por anos, ficado conhecida por personagens que interpretei como atriz e das quais não me orgulho, me abastecido dos aplausos de realizações vazias e não do Pão da Vida, ainda assim, o Senhor não invalidou minha caminhada. E jamais invalidará a sua.

As minhas conquistas, que antes se apoiavam na exaltação da minha autossuficiência e egolatria, agora foram transformadas e são utilizadas por Deus para o cumprimento de seus propósitos. A visibilidade que conquistei no decorrer dos anos, por meio do meu trabalho, foi redirecionada e empregada em favor do Reino celestial — para que o exemplo de Jesus e a Palavra de Deus sejam pregados e sirvam de motivação a todos os que necessitam.

Contudo, para isso, foi preciso reconhecimento, arrependimento e um coração quebrantado. Afinal, "se confessamos nossos pecados, ele [Deus] é fiel e justo para perdoar nossos pecados e nos purificar de toda injustiça" (1 João 1.9, NVT — acréscimo nosso).

Sabe o que é lindo quando ocorre arrependimento verdadeiro na vida de uma pessoa? O Senhor nos livra da culpa e converte tudo em algo bom para que o seu nome seja exaltado e

✛ FORTE & CORAJOSA

que as situações contribuam para o nosso bem. É o que garante Romanos ao dizer: "E sabemos que Deus faz todas as coisas cooperarem para o bem daqueles que o amam e que são chamados de acordo com seu propósito" (Romanos 8.28, NVT).

Agora, neste processo, não podemos nos esquecer de algo essencial:

O futuro que o Senhor preparou para nós depende de nossa decisão no presente.

A Palavra de Deus nos assegura que, quando aceitamos a Jesus como único e suficiente salvador, nos tornamos nova criatura. E essa oferta de aceitação está disponível para cada uma de nós neste exato momento.

Você deseja se tornar nova criatura? Gostaria ardentemente que as coisas antigas passassem e tudo fosse feito novo? Então a hora é esta! Porque, se, hoje, você é prisioneira do passado, saiba que, em Cristo, não existe mais condenação, intimidação ou espaço para o medo do futuro. Receber o Senhor Jesus em nosso coração faz com que Deus esteja conosco o tempo inteiro, nos transformando, livrando, limpando e curando. Ele nos torna livres e nos traz clareza, certeza, confiança, força e coragem para enfrentarmos qualquer desafio e nos apossarmos da vitória.

Quando recebemos a revelação a respeito das promessas divinas, passamos a não nos preocupar com o que as pessoas dizem ou com os pensamentos acusadores que vêm à nossa mente. A culpa já não tem mais espaço. As considerações críticas acerca do que poderíamos ter feito diferente perdem a força diante da compreensão de que somos amadas por Deus. Dessa maneira, começamos a conviver mais facilmente com o passado, reconhecendo quanto estávamos longe de Deus e quanto ele, mesmo assim, nos amou.

A novidade de vida faz com que no presente deixemos de nos preocupar com as acusações, opiniões e expectativas dos outros. Em diversas ocasiões, vão tentar fazer com que olhemos para trás, com questionamentos como: "Quem é você para falar sobre Deus? Lembra que você já fez isso e aquilo? Como é que, agora, quer dar uma de santa, de puritana?". O que essas vozes não sabem é que, ao buscarmos o Senhor, deparamos com a nossa essência e, a partir disso, podemos ser santificadas, consagradas e redimidas pelo sangue precioso de Cristo. Não pertencemos mais ao passado nem somos afetadas pelas repreensões externas, pois, por intermédio do sacrifício do Cordeiro, tudo se fez novo. É por isso que a voz dele é a única que devemos ouvir. Mas para isso carecemos do arrependimento.

Somente ao assumirmos nossas falhas e pecados, e nos arrependermos de fato, somos capacitadas, purificadas, transformadas e restauradas sobrenaturalmente. Deus deseja nos sarar, limpar e mudar o nosso interior, pois ele chama todas e cada uma de nós para uma nova vida. Por isso, querida irmã, deixo o apelo de Atos: "Agora, arrependam-se e voltem-se para Deus, para que seus pecados sejam apagados" (Atos 3.19, NVT). Você aceita esse chamado?

✝ FORTE & CORAJOSA

Vamos orar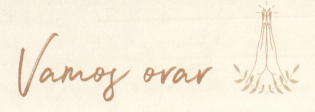

Minha querida, você acredita que Deus tem poder de apanhar todas as dores do seu passado, todos os erros, sofrimentos, pecados e os piores momentos e transformar em um presente e futuro gloriosos? Para fortalecer a sua fé, lembre-se: "Ele perdoa todos os meus pecados [...]. O Senhor é compassivo e misericordioso, lento para se irar e cheio de amor. Não nos acusará o tempo todo, nem permanecerá irado para sempre. Não nos castiga por nossos pecados, nem nos trata como merecemos" (Salmos 103.3, 8-10, NVT). Cheia dessa certeza, ore comigo.

Querido Pai, Deus de perdão, graça, compaixão e misericórdia, muito obrigada porque o meu passado não me define. Sou eternamente grata por saber que o Senhor perdoa tudo o que tenhamos feito de errado no passado e nos limpa de todo trauma. Agradeço do fundo da minha alma porque o Senhor não me acusa nem permanece irado comigo por conta daquilo que vivi no decorrer dos meus dias. Mesmo merecendo castigo, o Senhor me ofereceu redenção. Mesmo merecendo a ira, o Senhor me estendeu o seu abraço. Mesmo merecendo a punição eterna, o Senhor me presenteou com misericórdia, graça e a eternidade inteira ao seu lado. Obrigada, Pai!

Meu Criador, o Senhor sabe como sou intimamente e conhece as minhas fraquezas. Fortaleça-me! Ajude-me, pois preciso do seu amor e força em minha jornada. Confesso os meus pecados, reconheço tudo de errado que fiz no passado e me arrependo verdadeiramente de cada pensamento, palavra, ato e omissão que tenha marcado negativamente a minha história, me causando tristeza, culpa, falta de perdão e angústia. Obrigada porque, hoje, lança tudo isso nas profundezas do mar, para de lá nunca mais sair.

Jesus, eu o reconheço como meu Senhor e Salvador. Muito obrigada porque essa realidade me torna nova criatura e faz tudo novo em minha vida. Declaro que tudo o que vivi e que não me orgulho fica para trás e o que vejo diante de mim é um horizonte de possibilidades e glória — em Cristo.

Entrego tudo ao Senhor: o meu passado, para remissão; o meu presente, para santificação; e o meu futuro, para glorificação.

Em nome de Jesus. Amém!

1. TRAGA À MEMÓRIA

Escreva no espaço a seguir uma lista com as suas maiores dores. Descreva o que causou cada uma delas. Logo depois, ore em voz alta, colocando diante de Deus cada um dos seus sofrimentos, traumas e tudo aquilo que causou marcas em sua alma no passado. Em seguida, peça pela paz e alegria que só ele pode oferecer.

2. PERDOE

O perdão é uma escolha que tem poder de nos curar e libertar. Neste momento, quero convidar você a perdoar todas as pessoas que a machucaram no seu passado. Faça uma lista com o nome delas e ore ao Senhor citando o nome delas em voz alta e estendendo perdão a cada uma. Se você for a maior responsável por suas dores, escreva seu nome e perdoe-se pelos erros cometidos.

ENCARE SEU PASSADO E ESCREVA UMA NOVA HISTÓRIA

_____

_____

_____

_____

_____

_____

_____

_____

_____

_____

3. VAMOS FAZER UM COMPROMISSO?

Se você tem dificuldade de acreditar que tudo o que ocorreu de ruim em seu passado pode ficar para trás, quero firmar um compromisso escrito com você. Lembre-se do que Deus disse: "Eu perdoarei sua maldade e nunca mais me lembrarei de seus pecados" (Hebreus 8.12, NVT). Releia e fixe isto em sua mente: *"Nunca mais me lembrarei de seus pecados"*. Nunca mais. Querida, se você se arrependeu de seu passado, confessou os seus pecados e os abandonou, o nosso Pai celestial jamais os trará à tona novamente, porque o que importa agora é o seu presente e o seu futuro. Se está disposta a isso, assine o termo a seguir:

Eu confesso Jesus como meu Senhor e Salvador. Também confesso todos os meus pecados do passado. Estou arrependida e peço pelo perdão divino. Hoje também decido perdoar e liberar todos aqueles que me machucaram, traumatizaram e me fizeram sofrer. Com a ajuda divina, comprometo-me a viver em novidade de vida, sem pôr o foco nas dores do passado, mas fixando o olhar no que está adiante, prosseguindo para o final da corrida, a fim de receber o prêmio celestial para o qual Deus me destina, em Cristo Jesus. Amém!

Data: _____

Assinado: _____

3

PENSAMENTOS
vitoriosos

"O que pensamos e sentimos, hoje, tem um importante papel naquilo que viveremos amanhã."

Você já parou para pensar em como o processo de desenvolvimento dos pensamentos é algo extraordinário? Alguns podem achar que eles estão presos e contidos em uma caixinha no nosso cérebro, mas, quando paramos para estudar com um pouco mais de cuidado, descobrimos que, na realidade, eles são como cavalos selvagens: soltos, desembestados, correndo sem rédeas e sem nos pedir permissão para entrar em nossa mente. Fazemos esforços gigantescos para mantê-los sob controle, mas basta nos distrairmos um pouco, e eles alçam voos por conta própria. Não é raro nos pegarmos alimentando pensamentos de que não gostamos nada, por isso precisamos constantemente nos esforçar para dominá-los e subjugá-los.

Essa independência de nossos pensamentos gera sérios problemas, uma vez que eles são a locomotiva que arrasta atrás de si os vagões das emoções. Desse modo, basta um momento de desatenção e — pronto! — lá estão nossos pensamentos vagando por regiões áridas, como sensualidade, culpa, ira, vingança e tantos outros vícios nada virtuosos. Se permitirmos que eles levantem acampamento em nossa mente, viveremos assoladas por emoções negativas, péssimos sentimentos e corremos o risco, até, de somatizarmos essa carga emocional pesada em nosso corpo. Você consegue identificar esse problema em sua vida?

○ SIM   ○ NÃO

✢ FORTE & CORAJOSA

Se respondeu "sim", precisamos conversar sobre os seus pensamentos e como controlá-los, para que você tenha uma vida mais repleta de paz, estabilidade emocional e alegria. Para isso, porém, necessitamos aprender a pensar como Deus pensa. O Senhor sabe que os pensamentos daqueles que ele ama frequentemente estão em conflito com os dele. Tanto é que disse ao povo de Judá:

> [8]"Pois os meus pensamentos não são os pensamentos de vocês, nem os seus caminhos são os meus caminhos", declara o Senhor.
> [9]"Assim como os céus são mais altos do que a terra, também os meus caminhos são mais altos do que os seus caminhos, e os meus pensamentos, mais altos do que os seus pensamentos".
>
> (Isaías 55)

Querida amiga, é hora de você parar e, intencionalmente, refletir sobre para onde seus pensamentos a estão levando. Será que aquilo que tem povoado sua mente está em sintonia com a mente de Cristo ou essas palavras do Senhor aos israelitas de Judá têm se aplicado a você? Cuidado, porque pensamentos geram sentimentos e sentimentos geram palavras. Palavras declaradas, por sua vez, geram vida ou morte, leveza ou embrutecimento, vitória ou derrota. O que pensamos e sentimos, hoje, tem um importante papel naquilo que viveremos amanhã.

Por isso, é necessário permanecermos vigilantes para reconhecer com clareza o lugar para onde nossos pensamentos, emoções e ações estão nos levando. Somente dessa maneira poderemos, com a ajuda divina, colaborar intencionalmente na pavimentação do caminho que iremos trilhar. É bem verdade que não temos o controle completo de nossa vida, mas não podemos viver sem saber para onde estamos indo ou sabotando a nós mesmas por estarmos debaixo de um jugo de emoções descontroladas.

Você tem tido pensamentos negativos? Então, preste muita atenção:

Você é mais do que seus pensamentos!

Mergulhe em si mesma. Faça uma avaliação intencional e ajuste o que for preciso. Está pronta para começar? Sendo assim, vamos juntas nessa jornada, para quebrar os grilhões que prendem você a maus pensamentos, sujeitar a sua mente ao controle divino e alinhar a sua vida à boa, perfeita e agradável vontade de Deus.

Isso é possível? Claro que sim! Pois eu mesma tenho vivido isso.

PENSAMENTOS ERRADOS

A opinião própria muitas vezes pode nos enganar. O que aparentemente pensamos ser bom pode não ser. Emoções geradas por pensamentos contrários à Palavra de Deus atrasarão e desviarão toda a nossa rota. Sei bem disso, pois eu já passei por essa situação em diversos momentos.

Ao longo da minha vida, acreditei que conhecia a vontade de Deus. Eu sentia no coração que minhas ações estavam agradando a ele, porque me considerava uma pessoa boa. Essa crença no que *eu* supunha que *Deus achava* acerca do meu comportamento me fez viver mais de quarenta anos presumindo que não desejar o mal de ninguém era o suficiente para ter a proteção celestial e a aprovação divina. Eu julgava que a Bíblia não era algo necessário para me aproximar do Senhor, pois já pensava estar próxima dele.

Reparou no verbo que usei? Eu *pensava*. Mas... estava errada!

Mesmo desejando ser boa, eu estava enganada. Ainda não compreendia quanto a falta de conhecimento a respeito das verdades de Deus me limitava, enfraquecia e aprisionava. É como diz o Salmo 94: "O Senhor conhece os pensamentos do homem, e sabe como são fúteis" (Salmos 94.11). Sim, o que eu pensava ser riqueza era futilidade. Aquilo que acreditava ser amor-próprio era minha egolatria; o que julgava ser minha força era autossuficiência; no fundo, era nela que se instalava o que eu tinha de mais fraco, afinal, não reconhecia Deus em minhas conquistas.

Passei anos buscando a bondade em minhas ações, mas a falta de entendimento e conhecimento foram me afastando de Deus, e eu nem percebi. A verdade é que eu me sentia brilhante. O que eu não me dava conta era de que estava caminhando apenas com uma lasca de espelho limpo na mão, enquanto a maior parte ainda estava embaçada.

De tanto ser vista como "boazinha demais", sem maldade, ingênua e quadrada em uma geração na qual as mulheres proclamavam direitos iguais e autossuficiência, fui me sentindo, de certa forma, excluída no ambiente profissional em que já trabalhava. No meio artístico, eu me considerava uma menina caipira e sonhadora que estava indo além e conquistando os seus anseios e objetivos, mas que permanecia um pouco desconectada.

Com isso, comecei a me enxergar a partir do que sentia e do que falavam e pensavam de mim. Aos poucos, passei a enxergar a ingenuidade como algo negativo e a desejar ser ousada e surpreender aqueles que me julgavam "certinha demais".

Foi nesse contexto que dei início aos ensaios fotográficos sensuais para propagandas de bebida alcoólica, coleções de lingerie, biquíni, até que, por fim, aceitei posar nua para uma revista masculina de sucesso. Tudo porque meus pensamentos estavam embaralhados, confusos e totalmente sem sintonia com os pensamentos de Deus. Aquilo foi como um grito de liberdade e ousadia para o mundo! Do dia para a noite, meu corpo estava estampado em todas as bancas de jornal. Não demorou muito para me tornar desejada e receber cantadas e elogios.

Porém, esse êxtase culminou na quebra da minha identidade. Aquela sensação aparentemente boa não passou de euforia que logo se transformou em arrependimento e vergonha, apesar da admiração de muitos. Vivi aquilo que Paulo descreveu em 2 Coríntios 11.3: "O que receio, e quero evitar, é que assim como a serpente enganou Eva com astúcia, a mente de vocês seja corrompida e se desvie da sua sincera e pura devoção a Cristo". Sim, minha amiga, eu me tornei vítima de meus pensamentos, pois permiti que eles influenciassem negativamente minha história. Contudo, no instante em que encontrei Jesus, pude exclamar como o salmista: "Como são preciosos para mim os teus pensamentos, ó Deus! Como é grande a soma deles!" (Salmos 139.17).

MUITO LONGO

O profeta Elias foi um grande homem de Deus. Na verdade, ele foi tão importante que, no momento da transfiguração de Jesus, ele e Moisés foram os escolhidos pelo Pai para estar com

✣ FORTE & CORAJOSA

Cristo. Ao mesmo tempo, porém, Elias era um ser humano como qualquer uma de nós, sujeito às mesmas paixões, aos mesmos erros, aos mesmos... *pensamentos*.

A Bíblia relata um episódio em que o profeta foi aprisionado por maus pensamentos e isso o levou a desejar a morte. A passagem de 1 Reis 18 mostra o confronto entre ele e os outros 450 profetas de Baal, em que o Senhor lhe concedeu uma vitória estrondosa sobre os representantes da falsa divindade, mandando fogo do Céu para consumir o sacrifício feito em sua honra a Baal.

Já imaginou a cena? Você ora ao Senhor e ele manda fogo do Céu para queimar o seu sacrifício? Seria o suficiente para você ter fé por mil anos, certo? Bem, mas não foi o que aconteceu com aquele homem de Deus. Embora tenha visto esse milagre extraordinário e saído triunfante sobre os profetas de Baal, Elias logo em seguida foi derrotado por maus pensamentos.

Assim que soube do ocorrido, a cruel e idólatra rainha Jezabel lançou uma sentença contra Elias: "Que os deuses me castiguem severamente se, até amanhã nesta hora, eu não fizer a você o que você fez aos profetas de Baal!" (1 Reis 19.2, NVT). Ora, pense comigo: se você acabou de ver o Deus dos exércitos mandar fogo do Céu, se importaria com uma ameaça dessas, sabendo quem é que protege você? Claro que não! Mas o que aconteceu com o profeta do Senhor? "Elias teve medo e fugiu para salvar a vida" (1 Reis 19.3).

Como é possível? Que aparente incoerência é essa? A resposta é simples. Na realidade, Elias enfrentou o que eu e você passamos frequentemente: ele foi traído por pensamentos de derrota e, por isso, suas emoções foram afetadas. O profeta acabou deprimido e pediu a Deus a morte: "Sentou-se debaixo de um pé de giesta e orou, pedindo para morrer. 'Já basta, Senhor', disse ele. 'Tira minha vida, pois não sou melhor que meus antepassados que já morreram'" (1 Reis 19.4, NVT).

A grande questão, minha amiga, é que esses pensamentos de morte não eram os de Deus, tanto que ele mandou um anjo para alimentar e animar Elias. O profeta, dominado por maus pensamentos, achou que seu caminho havia terminado e que só lhe restava a morte. Mas quais eram os pensamentos de Deus? A mente divina foi revelada a Elias pelas palavras do anjo: "Levanta-te e come, porque te será muito longo o caminho" (1 Reis 19.7, ACF).

Querida amiga, a história de Elias é um grito de alerta e de esperança para todas nós. Seus pensamentos lhe dizem que você chegou ao fim da linha, que não há mais o que fazer, que a derrota é certa e não há mais razão para prosseguir? Então, ouça os pensamentos da mente de Deus para a sua vida:

> *"Levanta-te e come, porque te será muito longo o caminho."*

CONHEÇA O MANUAL

O que nossos pensamentos e sentimentos têm gerado em nós? Que tipo de frutos estamos produzindo a partir do que pensamos, sentimos e imaginamos? Frutos saudáveis e doces — que deixam a vida cheia de sabor — com nutrientes que trazem vigor, ânimo, esperança e força, ou frutos podres, que geram ansiedade, medo, falta de fé, pânico e prejudicam nossa saúde mental e física?

Será que temos vivido de maneira superficial, iludidas por uma falsa saciedade, mas com escassez de vitaminas celestiais e, assim, seguimos inertes, apoiadas em traumas e lembranças que só geram mais dor e consomem a nossa energia vital?

Querida, não se conforme com aquilo que a consome! Por isso, devemos observar aquilo que pensamos se quisermos avançar e lutar por nossa própria vida. Na maioria das vezes, construímos barreiras que nos impedem de viver com ânimo, e isso acaba atrasando nossa jornada, já que alimentamos pensamentos ruins e os transformamos em verdades absolutas. Devagar, vamos moldando nossas opiniões sobre nós mesmas e sobre as outras pessoas a partir do que guardamos em nossa mente e coração; isso sem contar a opinião da sociedade ou de um grupo específico a respeito de assuntos importantes para nós ou de pessoas como nós.

Você pode até dizer que não é influenciável por ninguém e somente o que pensa é o que importa. Por sinal, esse é o modo como muitas mulheres independentes enxergam esse tipo de assunto. Mas será que a mulher realmente sábia aos olhos de Deus deve pensar assim? Claro que não. O caminho importante é aquele que leva ao conhecimento da verdade divina, que carrega os pensamentos de Deus a nosso respeito, a respeito do mundo e de tudo o que nele há.

Neste ponto, você pode estar se perguntando: mas será realmente possível controlarmos os próprios pensamentos? Eu sempre achei que eles brotavam em minha cabeça de forma aleatória, mas descobri que somos capazes de treinar a nossa mente para pensar de maneira positiva, bíblica e esperançosa. Aliás, entendi que é justamente isso que transformará as nossas emoções e, consequentemente, as nossas ações e resultados. Foi a partir de então que passei a ler livros sobre a influência dos bons pensamentos e suas variações. Construí, com isso, uma personalidade forte e autoconfiante.

A boa notícia? Hábitos mentais podem, sim, ser cultivados. Porém, não basta cultivar alguma coisa, precisamos cultivar algo bom. Isso significa que precisamos conhecer o que Deus pensa e deseja de nós se quisermos pensar corretamente e viver de maneira plena. Mudança de conexão gera alteração de percepção. Isso transforma tudo.

Nossos pensamentos podem ser controlados, mas uma vida repleta de paz e abundância depende de quem está nos inspirando e direcionando. Então, como discernir o que é certo e errar menos? Como trocar pensamentos e emoções ruins por sentimentos construtivos e verdadeiros? Simples:

Lendo o manual de instruções: a Bíblia Sagrada.

Lembre-se: somente as Escrituras revelam a visão do Criador para seus filhos e filhas. Logo, ao mergulhar nela, começaremos a sintonizar nossos pensamentos com os de Deus.

Minha querida, analise seus pensamentos e emoções. Será que você tem se sentido mais animada, confiante e feliz ou está perdida, sem energia e ânimo? Abra seu coração e permita que o Espírito Santo lhe mostre a verdade. Por meio da intimidade com o Senhor, em oração e leitura da Palavra, será muito mais fácil e leve detectar tudo isso com a ajuda do Espírito de Deus.

Portanto, busque a sua presença e conheça os pensamentos de Deus por intermédio do seu precioso Livro. A Bíblia lhe dará segurança efetiva para compreender quanto você é amada. Ela lhe fará entender profundamente o que de bom está preparado para a sua vida e como você pode tomar posse disso e caminhar com confiança. Se não orarmos diariamente e buscarmos intimidade e conhecimento das Escrituras, criaremos barreiras e, consequentemente, caminharemos como tartarugas em uma corrida de leoas. Deus confiará seus pensamentos a quem estiver disposta a ouvi-lo e obedecer-lhe por amor.

Se ainda parece difícil se sentir amada, capaz, próspera e favorecida pela graça divina, eu a encorajo a ler versículos e promessas que reafirmem as verdades bíblicas absolutas para seus pensamentos. Faça isso, de preferência, em voz alta. Logo, sua percepção começará a se modificar e, desse modo, esses novos pensamentos ficarão tão gravados em seu coração que passarão a influenciar as suas emoções, ações e o ambiente.

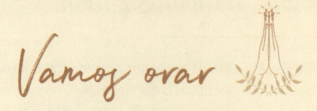

Vamos orar

Querida amiga, lembre-se da recomendação do apóstolo Paulo: "Finalmente, irmãos, tudo o que for verdadeiro, tudo o que

PENSAMENTOS VITORIOSOS

for nobre, tudo o que for correto, tudo o que for puro, tudo o que for amável, tudo o que for de boa fama, se houver algo de excelente ou digno de louvor, *pensem nessas coisas*" (Filipenses 4.8 — grifo nosso). O caminho para nutrir esse tipo de pensamento? Buscar a orientação na Palavra, e sabendo que o pensamento é, aos olhos de Deus, amável, bom, excelente e louvável, você conseguirá manter o foco e viver de modo pleno e alegre. Oremos a esse respeito.

Querido Pai, muito obrigada por nos mostrar que é possível dominar os pensamentos e os mantermos debaixo do seu senhorio e autoridade. Sabemos que é difícil e, por isso, precisamos da sua ajuda. Fazemos a nossa parte, mas sem a ação do seu Santo Espírito, não conseguiremos.

Oro para que minhas palavras sejam sempre fortes, sinceras e acessem a sala do seu trono, dia e noite. Que minha alma esteja sempre revestida de pureza, para contemplar face a face o esplendor da sua majestade. Eu me ajoelho perante sua grandeza, estendendo as mãos em sua direção e abrindo o meu coração em oração, súplicas e fervorosa adoração. Ouça-me dos Céus, lugar de sua habitação, pois é seu nome que invoco, reconhecendo somente o Senhor como aquele que tem o poder de estabilizar minhas emoções e me auxiliar na renovação da minha mente. Defenda minha causa, Senhor!

É verdade que nossos pensamentos são como cavalos selvagens, correndo soltos por uma pradaria sem cercas. Portanto, Pai, necessitamos do seu poder, da sua graça e ação em nossa vida. Senhor, ajuda-nos a mergulhar em sua Palavra e conhecer as verdades sagradas. Desejamos saber o que está em seu coração e sua mente. Por favor, revele os seus pensamentos para cada uma de nós. Ajuda-nos, Pai! Conduza-nos e aja com vigor para que nossos pensamentos sejam amáveis e nobres, fontes de bons sentimentos e emoções.

Em nome de Jesus, Amém!

1. FAÇA UM DIAGNÓSTICO

Quais têm sido os seus pensamentos e sentimentos ultimamente? Bons e virtuosos? Ou sombrios e tóxicos? Escreva sobre os tipos de pensamentos e emoções que têm assolado a sua mente nos últimos tempos.

_____

_____

_____

_____

_____

_____

_____

PENSAMENTOS VITORIOSOS

2. APRENDENDO A RESSIGNIFICAR

Agora que conseguiu exteriorizar a natureza dos pensamentos que têm dominado a sua mente, é hora de você se encher das verdades celestiais. Abra a sua Bíblia e escreva, pelo menos, três versículos que expressem a sua identidade em Deus, a garantia do seu futuro ou o amor dele por você. Em seguida, ore e peça ao Espírito Santo para selar essas verdades em seu coração. Durante uma semana, leia esses versículos em voz alta e coloque uma meta para decorá-los.

✛ FORTE & CORAJOSA

3. VAMOS FAZER UM COMPROMISSO?

Agora que você deu o corajoso passo de reconhecer como têm sido seus pensamentos e, consequentemente, suas emoções, é hora de dar um passo concreto rumo à construção de um modo de pensar e sentir que seja biblicamente embasado. Para isso, quero convidá-la a assumir um compromisso com Deus e consigo mesma. Se está disposta a isso, assine o termo a seguir:

PENSAMENTOS VITORIOSOS

Eu compreendo que ressignificar meus pensamentos e construir um modo de pensar que me leve a lugares elevados depende do meu conhecimento profundo das verdades bíblicas, pois é a Escritura sagrada que nos revela os pensamentos de Deus. Portanto, com a ajuda divina, comprometo-me a ter um hábito diário de leitura e estudo da Bíblia, para que possa ser uma conhecedora da mente santa do Criador e, com isso, viver de modo condizente com os seus pensamentos e planos para mim.

Data: _____

Assinado: _____

4

VOCÊ É
quem
DEUS DIZ
que é!

"Para o Senhor, você é uma obra de arte, criada por seu poder e por suas mãos."

Como anda a sua autoestima? Será que você se sente vitoriosa, abençoada e alvo do favor de Deus ou derrotada, para baixo, chegando a ponto de acreditar que foi esquecida pelo Pai? Se você se encaixa nessa segunda categoria, é bem possível que as grandes culpadas por esse tipo de ideia equivocada sejam as opiniões alheias.

Talvez alguém tenha dito que você não é suficiente. Que não é capaz, escolhida ou amada. Quem sabe, em algum momento da sua vida, uma pessoa importante tenha dito que você nunca poderia mudar, conquistar, crescer, levantar-se e avançar, e isso a estagnou? Talvez você já tenha ouvido algo assim dos outros. Ou, quem sabe, até mesmo de você?

Se esse é o caso, possivelmente, já direcionou suas decisões para um lado ou outro com base no que as pessoas iriam pensar. Ah, a opinião alheia! Que poder absurdo ela pode ter sobre nós! Quantas vezes não deixamos de fazer algo que desejamos ou, pior, de obedecer à voz divina por medo de como nos enxergarão ou, mesmo, se nos aceitarão!

A verdade é que somos seres que vivem em comunidade. Ninguém gosta de solidão, por isso sempre buscamos a aceitação, o pertencimento e o acolhimento de um grupo. É por esse motivo também que a opinião do próximo acaba se tornando tão importante para nós. Entretanto, isso pode se transformar em um grande desastre se essas opiniões passarem a falar mais alto do que a voz de Deus em nossa vida, ou se forem destrutivas e contra as verdades bíblicas a nosso respeito.

Vivemos em sociedade e não há nada de mau em pensarmos nas pessoas que nos rodeiam e convivem conosco. A questão é que

A opinião alheia e os julgamentos externos não podem tomar o lugar da palavra de Deus a nosso respeito.

Buscar se autoafirmar com base na aceitação humana nunca será a solução. Pelo contrário, com certeza nos levará por um caminho de comparações e infelicidade, que, se decidirmos trilhar, irá nos afastar de nossa essência única e preciosa. O que pensam de nós, na maioria das vezes, pouco tem a ver com quem realmente somos — e, mais importante: com quem Deus nos criou para ser.

Agora é a hora da verdade. Responda com sinceridade: você tem permitido que as opiniões dos outros conduzam você à destruição emocional e espiritual? Tem se deixado levar por circunstâncias nocivas e que têm gerado péssimos resultados para a sua alma?

○ SIM   ○ NÃO

AGRADE A DEUS, E NÃO AOS HOMENS

Se, por acaso, assinalou "sim", precisamos conversar sobre isso, afinal, a opinião de seres humanos é relevante, sim, em alguns casos, porém ela não pode ser mais importante do que a afirmação de Deus a nosso respeito.

AGRADE A DEUS, E NÃO AOS HOMENS

Estar sob os holofotes por muitos anos, como eu vivi, pode acabar sobrecarregando e se tornando um peso que esmaga a espontaneidade e a leveza da vida. Ser constantemente observada e julgada pelo seu jeito, atitudes, palavras e roupas é algo que enlouquece qualquer um, se não souber filtrar os pontos de vista e as suposições externas. Se você é uma pessoa que se deixa levar pelo que dizem a seu respeito, acabará alterando o humor a cada nova notícia ou comentário infeliz.

A pressão da opinião alheia pode mudar nosso rumo, nossas emoções e nosso futuro, gerando até mesmo ansiedade, depressão e uma série de outros traumas e dores. Confesso que já convivi muito com a cobrança pessoal de ter de mostrar às pessoas uma felicidade de novela. Algo irreal e plástico. Já estampei muitas fotos de revistas brindando alegremente enquanto, na intimidade, não havia razão nenhuma para sorrir. O motivo para agir assim? Porque me preocupava demais com as críticas e a imagem que acreditava ter de passar publicamente.

Com o tempo, aprendemos que é impossível agradar a todo mundo. As pessoas ao nosso redor sempre terão uma opinião a nosso respeito e, por conta das suas percepções, acreditarão estar no direito de nos criticar, aconselhar e julgar, ainda que não sejam próximas nem mesmo se importem conosco. Por outro lado, é evidente que isso não quer dizer que devemos ignorar

" Siga firme nos valores e princípios do Senhor e na busca constante por sua presença,

tornando-se cada
vez mais e mais
forte nele!
"

o parecer alheio. É importante valorizar e prezar pela opinião daqueles que nos amam e zelam pela nossa vida, mas mesmo estes precisam submeter suas perspectivas às do Criador.

Aquilo que pensam sobre nós não nos define de fato e, por isso, não pode ser um peso em nossa vida. Existem zombadores, impiedosos e juízes de plantão sendo usados pelo mal para tentar nos paralisar — o nosso papel é rejeitar as mentiras e combatê--las com a verdade celestial. Aliás, eu que o diga! Já me chamaram de tantas coisas. Entendi a certa altura que se me movesse tentando agradar a cada um, certamente não sairia do lugar, não realizaria meus sonhos e, muito menos, cumpriria os propósitos de Deus para mim.

Até mesmo após minha conversão: a quantidade de orações que entoava e a maneira como escolhi viver já se tornaram motivo de debate. Enquanto uns achavam absurda a ideia de eu orar cinco horas por dia, outros diziam que, na realidade, eu orava o dia todo, o que era ótimo. Havia quem comentasse também que eu não orava coisa nenhuma. Cheguei até a escutar que não devia mais citar a Bíblia, pois perderia anunciantes nas minhas redes sociais. Para os que pensavam assim, fiz das palavras de Paulo as minhas: "Não me envergonho do evangelho, porque é o poder de Deus para a salvação de todo aquele que crê [...]" (Romanos 1.16).

Já ouvi tanto sobre minhas escolhas e decisões, que perdi a conta de quantas vezes tentaram — e ainda tentam — bombardear-me com supostas "verdades" a meu respeito. E como todo esse zun-zun-zum me afetou? Entendi na prática, por meio da busca pelo conhecimento da Palavra de Deus, oração diária e jejum, que a real intimidade com Deus faz com que qualquer oposição aos ensinamentos bíblicos seja obscurecida e perca o valor.

VOCÊ É QUEM DEUS DIZ QUE É!

Então fique firme. Não se deixe intimidar por pessoas que se opõem à sua fé. Siga firme nos valores e princípios do Senhor e na busca constante por sua presença, tornando-se cada vez mais e mais forte nele! Pois é por intermédio do relacionamento com Deus que conhecemos nossa real identidade. Quanto mais o conhecemos, mais o Senhor nos transforma em quem fomos criadas para ser. Quanto mais o conhecemos, mais o amamos e nos sentimos amadas. Portanto, quando o receio de ser julgada bater à porta, lembre-se: afinal de contas, devemos procurar agradar a Deus ou aos homens? O próprio apóstolo Paulo nos deu a resposta: "Acaso estou tentando conquistar a aprovação das pessoas? Ou será que procuro a aprovação de Deus? Se meu objetivo fosse agradar as pessoas, não seria servo de Cristo" (Gálatas 1.10, NVT).

FIDELIDADE RECOMPENSADA

O profeta Daniel é um exemplo bíblico extraordinário de que, se ignorarmos a opinião negativa dos homens e nos prendermos ao que Deus espera de nós, conquistaremos vitórias sobrenaturais. A Bíblia nos conta que o profeta foi alvo da opinião alheia, pois aqueles que tinham pensamentos ruins a respeito dele desejavam derrubá-lo.

Como era o ministro favorito do rei persa Dario, Daniel acabou sendo invejado pelos outros. O relato de Daniel 6 nos mostra que os outros administradores e altos funcionários começaram a procurar falhas no modo como ele conduzia as questões do governo, mas nada encontraram para criticá-lo ou condená-lo. Ele era leal, sempre responsável e digno de confiança. Por essa razão, concluíram que sua única chance de encontrar algum motivo para acusá-lo seria incriminá-lo de alguma maneira. Com isso, aqueles homens convenceram o rei de que, para proteção de seu império, ele deveria sancionar uma lei segundo a qual, no prazo de trinta dias, quem fizesse alguma prece a outro deus ou homem que não ao rei, que fosse jogado numa cova com leões.

Pensa que Daniel se intimidou? Não! Ele não temeu o julgamento, crítica e aparente poder dos homens — ainda que um desses fosse o rei — e continuou fazendo o que era certo perante Deus. De sua casa, local onde todos podiam vê-lo pela janela, ele continuou orando e adorando ao Senhor três vezes ao dia. Ignorando a opinião dos outros, o profeta escolheu o correto, mesmo que para isso sofresse consequências diante dos seres humanos. Condenado, ele foi levado à cova dos leões. Mas o que aconteceu? Deus honrou a fidelidade de seu servo e, por isso, livrou-o de ser destroçado pelas feras:

> [19]De manhã bem cedo, [o rei] levantou-se e foi apressadamente à cova dos leões. [20]Quando chegou lá, gritou angustiado: "Daniel, servo do Deus vivo! O Deus a quem você serve tão fielmente pôde livrá-lo dos leões?".
>
> [21]Daniel respondeu: "Que o rei viva para sempre!
>
> [22]Meu Deus enviou seu anjo para fechar a boca dos leões de modo que não me fizessem mal, pois fui considerado inocente aos olhos de Deus. Também não fiz coisa alguma contra o senhor, ó rei".
>
> [23]O rei ficou muito alegre e ordenou que tirassem Daniel da cova. Não havia sequer um arranhão nele, pois havia confiado em seu Deus.
>
> (Daniel 6, NVT — acréscimo nosso)

Que extraordinário! Como o Deus a quem servimos é maravilhoso e bondoso! Mas a história não para por aí. Qual foi o resultado de Daniel ter ignorado as opiniões que iam contra a vontade divina? O rei promulgou outro decreto obrigando a todos a temer e respeitar o Deus de Daniel, pois ele era — e continua sendo — o Deus vivo, exaltado para sempre, aquele cuja autoridade e poder são infinitos.

VOCÊ É OBRA-PRIMA QUE CARREGA A ESSÊNCIA DIVINA

A vida do profeta Daniel nos ensina a importância de não temermos o julgamento dos homens, principalmente quando ele vai contra a vontade de Deus. Antes de tudo, devemos fazer o que é certo perante o Senhor, e ele nos defenderá e lutará em nosso favor.

De forma prática, como devemos fazer isso?

Foque no que a Palavra da verdade diz.

Ao tomar conhecimento daquilo que agrada a Deus, aja com fé e se posicione: levante a cabeça, tome posse, ignore solenemente as opiniões que a confrontam e sorria. Você precisa conhecer a sua identidade em Cristo e ter convicção a respeito de como o Senhor a vê, porque somente quando descobrir essa verdade, conseguirá lidar com as opiniões alheias sem que elas a afetem.

Em primeiro lugar, nunca se esqueça: para o Senhor, você é uma obra de arte, criada por seu poder e por suas mãos. Isso quer dizer que você é totalmente valorizada pelo Criador e vista por ele com amor e orgulho:

> ¹³Tu criaste o íntimo do meu ser e me teceste no ventre de minha mãe.
> ¹⁴Eu te louvo porque me fizeste de modo especial e admirável. Tuas obras são maravilhosas! Disso tenho plena certeza.
> ¹⁵Meus ossos não estavam escondidos de ti quando em secreto fui formado e entretecido como nas profundezas da terra.
>
> (Salmos 139)

Segundo, você é alguém criada de acordo com a natureza do próprio Deus. Gênesis diz: "Criou Deus o homem à sua imagem, à imagem de Deus o criou; homem e mulher os criou" (Gênesis 1.27).

Terceiro, é importante se lembrar de que, no ato do novo nascimento, você foi feita nova criação: "Portanto, se alguém está em Cristo, é nova criação. As coisas antigas já passaram; eis que surgiram coisas novas!" (2 Coríntios 5.17). Portanto, qualquer questão do seu passado que possa menosprezar a opinião das pessoas a seu respeito deve ser ignorada, uma vez que tudo passou e uma nova era em sua jornada teve início. Mas não termina por aqui. Ao ser salva por Jesus, você se tornou filha e herdeira de Deus:

> ¹Vejam como é grande o amor que o Pai nos concedeu: que fôssemos chamados filhos de Deus, o que de fato somos! Por isso o mundo não nos conhece, porque não o conheceu. ²Amados, agora somos filhos de Deus, e ainda não se manifestou o que havemos de ser, mas sabemos que, quando ele se manifestar, seremos semelhantes a ele, pois o veremos como ele é.
>
> (1 João 3)

Como o olhar de outras pessoas poderia diminuir quem Deus decidiu adotar como filha? Você tem o DNA espiritual divino.

VOCÊ É QUEM DEUS DIZ QUE É!

Que privilégio! Por esse motivo, querida amiga, quando as opiniões a seu respeito começarem a afetar a sua autoestima, autoimagem e autovalorização, lembre-se de que a Palavra de Deus lhe diz que você é uma obra-prima, uma filha amada, desenhada com essência de Deus. Nada pode superar essa verdade.

Vamos Orar

Quando o povo de Judá estava no exílio da Babilônia, destroçado emocionalmente pela escravidão e com um senso de perda e derrota, Deus mandou o profeta Jeremias escrever uma carta aos líderes dos israelitas, na qual deixava clara a palavra final sobre quem eles eram. Não importava a opinião. O importante era o que Deus pensava a respeito deles: "'Porque sou eu que conheço os planos que tenho para vocês', diz o Senhor, 'planos de fazê-los prosperar e não de lhes causar dano, planos de dar-lhes esperança e um futuro'" (Jeremias 29.11). Do mesmo modo, somente quem somos para Deus é o que importa. Devemos, então, posicionar-nos em oração para que consigamos nos enxergar como o Senhor nos vê, descartando toda opinião negativa a nosso respeito. Oremos sobre isso.

Querido Pai, muitas são as vozes que se levantam para dar opiniões a meu respeito. Frequentemente, o que elas dizem não condiz com a realidade. São inverdades ou distorções acerca de mim, que me machucam e diminuem.

✚ FORTE & CORAJOSA

Muito obrigada, porque em sua Palavra consigo encontrar a verdade a meu respeito, não segundo opiniões humanas, mas segundo os seus pensamentos. Obrigada por me revelar quão preciosa sou aos seus olhos: a obra-prima das suas mãos, filha amada e sangue do seu sangue. Que extraordinário é saber que carrego em mim a essência do Criador de tudo.

Peço que o Senhor nunca permita que eu me esqueça dessas verdades! Cristaliza em minha mente as realidades sagradas a meu respeito, para que jamais percepções humanas degradantes e mentirosas me afetem e me façam perder de vista quem eu sou para o Senhor.

Pai amado, oro agora para que a sua graça transborde sobre mim. Limpe a minha mente de todos pensamentos e emoções que deturpam minha identidade e cure-me dos traumas. Ensine-me a não me importar com os julgamentos daqueles que mal me conhecem e a ter misericórdia das pessoas que ainda zombam da minha fé e julgam sem o conhecimento da verdade. Ajude-me a me manter forte, para não ser distraída por opiniões externas que atrasam o seu propósito para mim. Oriente-me para conviver em paz com todos e viver segura debaixo das suas verdades e amor. Durante todos os meus dias, seguirei glorificando seu nome com lealdade e sinceridade de coração, atenta aos seus pensamentos sobre mim e sintonizando minhas opiniões, palavras, sentimentos, conduta, olhos e ouvidos a tudo o que é puro, santo e verdadeiro.

Em nome de Jesus eu peço. Amém!

1. A OPINIÃO ALHEIA X A OPINIÃO QUE REALMENTE IMPORTA

Quais são as principais opiniões que outros têm a seu respeito e que mais a incomodam? Faça uma lista desses julgamentos frequentes. Em seguida, para cada palavra nociva que escreveu, ore e escute o que o Espírito Santo tem a dizer. Então, anote a verdade divina específica que vai contra essa mentira. Lembrando que a verdade de Deus sempre estará ligada a uma qualidade.

2. A OPINIÃO DE DEUS

Agora pesquise a base bíblica para as verdades anotadas anteriormente e escreva por extenso aqui os versículos que mais se identificarem com elas. Decore um versículo por semana. No decorrer desse processo, você notará que tudo o que essas opiniões equivocadas expressam não condiz com a realidade. Tome posse das palavras divinas e seja fortalecida.

3. AS LIÇÕES DE DANIEL

Até que ponto a opinião dos outros afeta a sua forma de ser e agir? Será que você tem sido autêntica com relação a quem é e ao que quer fazer ou tem constantemente se moldado ao olhar do outro? A história do profeta Daniel nos ensina muitas lições sobre a importância de agir de forma verdadeira, e não segundo a opinião dos outros. Elenque a seguir os três ensinamentos fundamentais que você consegue extrair da vida de Daniel e que pode aplicar em sua jornada para se tornar uma pessoa mais coerente, posicionada e genuína.

5

VÁ ALÉM
dos
SEUS
limites!

"Por meio do Senhor,
de sua capacitação e
aconselhamento, iremos
além e superaremos
todos os limites
e barreiras."

A vida constantemente nos impõe grandes desafios. Porém, não é raro duvidarmos de nossa capacidade e estabelecermos limites àquilo que acreditamos poder realizar. Algumas vezes, nossa autoestima está tão fragilizada, que nos enxergamos de maneira inferior, sentindo-nos incapazes de pôr em prática aquilo que Deus estabeleceu para nós.

Por outro lado, há aqueles que agem como se fossem autossuficientes. O erro está tanto em um quanto em outro, afinal, todos nós, seres humanos, somos limitados e dependemos da graça, favor e capacitação divinos. O pecado nos impôs restrições e abalou nossas capacidades. Contudo, o que jamais podemos esquecer é que, se temos Deus ao nosso lado, não há limites. Não há barreiras! Porque ele é ilimitado! Como o Senhor mesmo afirmou: "[...] agindo eu, quem o impedirá?" (Isaías 43.13, ACF). A resposta a essa pergunta retórica é óbvia:

Ninguém!

Sim, ninguém pode impedir o agir de Deus. Por quê? "Pois nada é impossível para Deus" (Lucas 1.37). Minha querida amiga, com o Todo-Poderoso ao nosso lado, podemos avançar muito mais do que nos sentimos capazes. Sim, isso mesmo!

✛ FORTE & CORAJOSA

Nossa mentalidade e nossa visão são reduzidas e, sozinhas, não temos a capacidade de enxergar além das nossas limitações. Criamos barreiras emocionais, visuais e sentimentais. Idealizamos uma autoimagem para nos definir com base em um padrão social comparativo limitante.

O problema é que se definimos quem somos tendo como fundamento a comparação ou o aspecto físico ou mental que criamos a nosso respeito, acabamos por determinar e limitar também o que podemos realizar em nossa vida, como mulheres, profissionais, mães e tudo mais. É por esse motivo que, muitas vezes, passamos a não acreditar que podemos ir além daquele parâmetro interno e externo que geramos de nós mesmas ou que vimos em outros. Pensamos não ter o suficiente, não sermos fortes, corajosas ou preparadas o bastante para conquistar grandes vitórias. Grave isto a ferro e fogo no seu coração:

Com Deus vamos muito além das nossas capacidades!

Isso é real. Em 2 Coríntios 1.21,22 diz: "Ora, é Deus que faz que nós e vocês permaneçamos firmes em Cristo. Ele nos ungiu, nos selou como sua propriedade e pôs o seu Espírito em nossos corações como garantia do que está por vir".

Enquanto estivermos alinhadas ao Senhor e dispostas a buscar nele tudo o que precisamos, é certo que ele nos fortalecerá e capacitará para toda obra — grande ou pequena. Afinal, ele sempre derrama capacitação para todos os planos que nos chama a realizar.

PODER ILIMITADO

Eu já me senti incapaz e pequena demais em muitas situações que Deus me confiou. Logo no início da minha conversão, quando fui chamada para apresentar um *podcast* cristão, achei que não estava preparada. Pensei que não saberia citar versículos de cor nem teria o conhecimento bíblico necessário para a posição que queriam que eu assumisse, entrevistando tantos servos de Deus e autoridades com anos e anos de ministério sólido.

A verdade é que, quando recebi o convite, senti-me desqualificada. Por isso, busquei em oração a resposta sobre se deveria ou não aceitar. Eu queria ter mais tempo para estudar as Escrituras e adquirir mais entendimento e sabedoria antes de assumir publicamente essa responsabilidade. Mas Deus, por meio de sua Palavra, deu-me uma certeza encorajadora e falou ao meu coração, incentivando-me a assumir esse papel não como uma autoridade, mas como filha amada, entregue ao que ele me ensinaria com aqueles que passassem por ali. Com isso, percebi que, a cada programa, seria edificada, fortalecida e transformada. Também me dei conta de que muitos aprenderiam com a entrega do meu amor leal a Deus e, por intermédio dessa situação, pude enxergar o Senhor aperfeiçoando o seu poder mediante as minhas fraquezas e limitações (cf. 2 Coríntios 12.9-10).

Desde então, compreendi o que o Senhor queria de mim: meu coração disposto a conhecê-lo mais e a caminhar com ele. Foi por essa razão que aceitei o convite, acalmei minha alma e me entreguei a essa obra com a humildade de uma aprendiz e com o auxílio e encorajamento de um Pai amoroso. Ele me capacitou, honrou sua promessa, me apresentou novos amigos de Deus, presenteou-me com intercessores, impulsionou-me com testemunhos e permitiu que eu recebesse dezenas de conselhos sábios e orações que foram como um bálsamo para mim. E ele estava lá o tempo inteiro.

Como diz a Palavra: "Ora, é Deus que faz que nós e vocês permaneçamos firmes em Cristo. Ele nos ungiu, nos selou como sua propriedade e pôs o seu Espírito em nossos corações como garantia do que está por vir" (2 Coríntios 1.21,22); e: "Pois o Senhor é quem dá sabedoria; de sua boca procedem o conhecimento e o discernimento. Ele reserva a sensatez para o justo; como um escudo protege quem anda com integridade [...]" (Provérbios 2.6,7).

Querida amiga, ao longo de minha caminhada cristã tenho recebido muitas ideias iluminadas pelo Espírito Santo, para honra e glória de Deus. Em muitos momentos, eu me pego buscando capacitação e força para cumprir o chamado. Tem sido assim enquanto escrevo este livro, a cada vez que recebo um convite para testemunhar pelo Brasil e mundo afora o que Deus tem feito em minha vida e a cada novo desafio celestial. Mesmo tendo vindo de uma vida artística e pública, falar de Cristo, para mim, é muito diferente. Zelo imensamente por cada palavra, consciente da missão que me foi confiada. Se antes eu já era dedicada em tudo o que fazia, hoje, esforço-me ainda mais para entregar o melhor de mim a Deus.

Mesmo sem conhecer todo o plano dele para minha vida, a cada nova direção que sinto pulsar dentro de mim, peço a confirmação do Espírito Santo. Após receber seus sinais afirmativos, clamo a Deus pela capacitação para avançar e subir, gradualmente, os degraus, cumprindo etapa a etapa da missão, conforme ela vai sendo revelada.

Foi assim também quando, inesperadamente, recebi uma iluminação do Céu e comecei a cantarolar uma música inédita dentro do meu quarto. Eu ouvia cantores dizendo que o Senhor havia entregado músicas a eles em momentos específicos e ficava pensando: "Uau, que coisa mais linda! Isso deve ser incrível!". Pouco tempo depois, fui presenteada por Deus com uma canção, que continha minha gratidão a Cristo. Após gravar rapidamente a música em meu celular para não esquecer de nada, encaminhei para um produtor musical cristão, que lapidou a melodia e a deixou ainda mais linda.

Mas não pense que foi fácil para mim. Eu não me sentia apta para gravá-la. Minhas referências eram grandes cantoras cristãs, com experiência e potência vocal muito diferentes da minha. Então, perguntei a Deus se, porventura, eu não deveria dar essa canção a alguma delas. Tive medo de desafinar, de ser julgada, de não estar à altura de finalizar essa música como ele merecia. E, mais uma vez, testifiquei o Senhor me encorajando.

Decidi obedecer-lhe, entendendo que toda vez que sou desafiada por ele, sou também habilitada. A cada vitória que conquisto com o Senhor, sigo mais forte. Não foi fácil. No dia da gravação, encarei uma tempestade, pois em São Paulo chovia muito, e, no meu emocional, uma insegurança me causava medo de fracassar. Chorei, desafinei, tive problemas no estúdio, mas em nenhum momento pensei em desistir. Deus me

"

Compreendi o
que o Senhor
queria de mim:

meu coração disposto
a conhecê-lo mais
e a caminhar
com ele.

sustentou minuto a minuto. Ele pôs ao meu lado pessoas que me encorajaram, oraram comigo, e, então, finalizamos com um sentimento de entrega total ao nosso Deus.

A música *Luz de Jesus* foi finalizada lindamente, conduzida por um chamado e capacitação divinos. Hoje, ela acalma o meu coração e o de tantas pessoas que a escutam. Convido você a conhecê-la também.

DEUS ESTÁ COM VOCÊ!

Guardadas as devidas proporções, acredito que o que aconteceu comigo também ocorreu com Moisés. Quando ele recebeu o chamado divino para levar ao faraó a mensagem de libertação do povo de Israel, aquele homem de Deus — assim como eu — sentiu-se incapaz e despreparado; presumiu que não saberia falar. Diante da convocação do Senhor, ele respondeu: "Quem sou eu para apresentar-me ao faraó e tirar os israelitas do Egito?" (Êxodo 3.11).

A resposta de Deus não foi garantir que Moisés se tornaria um super-homem de uma hora para outra, apto por si mesmo a realizar proezas fora do comum. O encorajamento e capacitação vieram mediante a segurança de que aquele que tudo pode o acompanharia e estaria à frente da jornada. "Deus afirmou: 'Eu estarei com você'" (Êxodo 3.12a). Sim! O Senhor prometeu que estaria ao seu lado em todo tempo, e, por essa razão, Moisés teria a vitória. Bastava confiar e seguir. O próprio Criador o habilitou e impulsionou e levantou Arão, o irmão do libertador, como auxiliador na missão divina de livrar o povo da escravidão e conduzi-lo à Terra Prometida. O Senhor foi adiante de Moisés e, se permitirmos, fará o mesmo conosco.

VÁ ALÉM DOS SEUS LIMITES!

Por mais que achemos a missão difícil demais, até mesmo impossível, Deus nos dará vitória se nos dispusermos a entregar nossos caminhos com confiança.

Moisés confiou e se dispôs. Ele colocou sua fé em prática e precisou assumir um posicionamento ativo. Aquele simples ser humano, limitado como eu e você, decidiu crer no Senhor, caminhar, obedecer e entregar sua vida para que o Deus Todo--Poderoso operasse milagres por meio de sua história.

Assim como o libertador de Israel, devemos ter um posicionamento prático diante da liderança divina. Se o fizermos, jamais seremos decepcionadas, pois, por meio do Senhor, de sua capacitação e aconselhamento, iremos além e superaremos todos os limites e barreiras.

O PODER ESTÁ NA PRESENÇA DE DEUS

Querida amiga, quando você se sentir limitada, fraca ou incapaz de cumprir os planos de Deus, peça que ele se mostre ainda mais presente em seus dias e que a faça enxergá-lo em todo e qualquer instante. Ore também por força, coragem e capacitação do Céu para realizar o que ele requer de você. Mantenha algo em mente: "Portanto, ele [Jesus] é capaz de salvar definitivamente aqueles que, por meio dele, se aproximam de Deus, pois vive sempre para interceder por eles" (Hebreus 7.25 — acréscimo nosso).

Nesse processo, lembre-se também: a presença de Jesus em nossa vida é uma promessa bíblica! Por sinal, foi sua última promessa antes de ascender aos Céus: "E lembrem-se disto: *estou sempre com vocês*, até o fim dos tempos" (Mateus 28.20, NVT — grifo nosso).

Deus ainda tem muito para a sua história! Troque o senso de autossuficiência — pois ele também será limitado e frustrante — pela dependência e capacitação divinas. Permita-se ser conduzida por ele. Mais ainda: permita-se ir além — com a ajuda do Senhor!

Olhe para o alto e ande por fé, e não pelo que você vê ou sente, porque o coração do homem é enganoso, mas a nossa fé nos conduz a lugares elevadíssimos de confiança inabalável em Deus: "Assim, fixamos os olhos, não naquilo que se vê, mas no que não se vê, pois o que se vê é transitório, mas o que não se vê é eterno" (2 Coríntios 4.18).

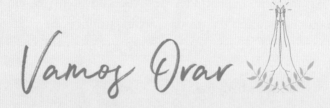

Se você está sem forças para ir adiante, presa na sua incapacidade aparente de realizar os propósitos divinos na sua vida, e fraca perante os gigantes que cruzam o seu caminho, não se esqueça do que o apóstolo Paulo escreveu: "[...] quando sou fraco, é que sou forte" (2 Coríntios 12.10b). Deus não quer filhas arrogantes, que se comportam como super-heroínas independentes dele, mas deseja servas humildes, que reconheçam suas limitações e

VÁ ALÉM DOS SEUS LIMITES!

entendam que são totalmente dependentes do Senhor para pôr em prática os grandes feitos divinos. Cheia dessa certeza, ore comigo:

Querido Pai, quão maravilhoso o Senhor é! Lindo, onipotente, amoroso e gracioso! Como é bom depender de seu braço forte para realizar tudo aquilo que o Senhor tem preparado para minha vida. Reconheço que, assim como Moisés, sou enormemente limitada nas minhas forças e capacidades. Na verdade, com frequência me sinto incapaz de colocar em prática o plano para o qual o Senhor me chamou.

Por outro lado, sei que para o Senhor nada é impossível! Nenhum dos seus propósitos pode ser frustrado. Reconheço também que, mediante uma única palavra dos seus lábios, os ventos cessam, o mar se acalma e toda a criação se dobra aos seus pés. Glória ao seu santo nome!

Por saber disso, Pai, peço que não me desampare, mas me acompanhe todos os dias da minha existência, cumprindo, assim, a promessa de Jesus no momento de sua ascensão aos Céus. Se o Senhor for comigo, sei que não haverá mais limites para tudo o que eu possa fazer. Sua presença me encoraja na minha timidez, fortalece-me na minha fraqueza e me faz vencer obstáculos aparentemente intransponíveis! Aleluia!

Amado da minha alma, obrigada por caminhar comigo a cada passo da jornada! Muito obrigada por me fortalecer e romper todos os limites. Agradeço porque posso todas as coisas naquele que me fortalece!

Peço que jamais me deixe só, pois sou totalmente dependente do seu amor e poder.

Deus querido, receba a minha entrega e rendição neste momento. Eu o reconheço como a minha força, alegria e socorro. Somente no Senhor encontro capacitação! Sei que com você a luz que me guia jamais se apagará. Hoje, oro para que minha vida seja intensa em adoração. Estou consciente de que há muitos desafios, planos e etapas a serem cumpridos em minha vida e admito que sem a sua mão a me guiar me cansarei facilmente e correrei em vão. Ajude-me, Senhor. Dê-me força e coragem para avançar com constância pelos seus caminhos! Livre-me daquilo que só suga minha energia e que não faz parte do seu propósito. Quero estar pronta e disposta para tudo o que for importante aos seus olhos! Use-me, meu Deus! Eis-me aqui para cumprir os seus planos em minha vida. Que assim seja, em nome de Jesus!

1. Traga à memória

Escreva no espaço a seguir uma lista com as limitações que você enxerga em si mesma em todas as áreas da sua vida.

_____

_____

_____

_____

_____

2. Liste as maiores dificuldades

Descreva a seguir quais são as suas maiores dificuldades para confiar que Deus está com você, ajudando-a e capacitando-a a vencer os limites e ir além.

3. Ore especificamente

Agora que você já identificou essas dificuldades e limitações, ore especificamente, e em voz alta, para que o Senhor a ajude a vencer cada uma delas. Após levar tudo isso em oração, citando limitação por limitação e sendo sincera, fique em silêncio e, em seguida, escute quem o Senhor diz que você é. Apenas receba e permita que ele ministre ao seu coração. Anote cada palavra de encorajamento e amor e declare constantemente sua vitória diante dessas limitações. Creia, declare e confie!

6

VITORIOSA NAS
NAS
aflições

"O nosso Amado venceu o mundo, o pecado, a morte, (...) por isso, sabemos que ele tem poder para fazer-nos superar qualquer aflição."

Tenho certeza de que você já enfrentou muitas aflições ao longo de sua vida. Mais que isso, ouso dizer que está enfrentando uma ou mais neste exato momento. Por que não hesito em fazer essa afirmação? Porque as aflições passaram a ser parte da existência humana desde que o pecado entrou no coração do primeiro homem, no Éden. Não à toa, Jó diz: "Embora o mal não surja do solo, nem as dificuldades brotem da terra, o ser humano nasce para enfrentar aflições, tão certo como as faíscas do fogo voam para o alto" (Jó 5.6,7, NVT).

No início, antes da Queda, a alma humana não sofria com aflições. Contudo, após a desobediência, ela se fez presente. Por definição, aflição significa "condição de quem está aflito, angustiado, preocupado; sofrimento causado pelo desgosto; tristeza ocasionada por alguma dificuldade; excesso de preocupação, ansiedade, angústia". O contrário de aflição, por sua vez, é "prazer", "alegria", "contentamento". Logo, se uma das virtudes do fruto do Espírito é a alegria (Gálatas 5.22-23), a aflição é algo que se opõe em sua essência à natureza que Deus forjou para a humanidade no ato da Criação. É, portanto, uma anomalia. Infelizmente, enquanto Jesus não retornar e nos levar aos Céus, teremos de conviver com ela, uma vez que estamos sujeitos ao pecado. Em contrapartida:

✛ FORTE & CORAJOSA

Não significa que Deus se agrade de nos ver aflitas. O seu desejo é nos manter o mais distante possível das aflições.

O Senhor tem satisfação em nos ajudar a superar e passar pelas aflições. Isso não quer dizer, porém, que ele fará com que elas simplesmente sumam de nossa vida, afinal, o próprio Jesus foi claro ao dizer: "No mundo tereis aflições" (João 16.33, ACF). É um fato comprovado no cotidiano de todos os seres humanos. Na realidade, o x da questão não é *se* elas virão, mas *quando* virão. Mais do que isso, a grande pergunta para os cristãos é: *como* agir no momento em que as aflições baterem à porta? É exatamente nesse ponto que a intervenção divina entra em cena.

Além do mais, podemos descansar na verdade que o Senhor nos prometeu: "[...] eis que eu estou convosco todos os dias, até a consumação dos séculos" (Mateus 28.20, ACF).

EU ENTENDO VOCÊ

Eu sei como é ficar sem ar e em estado de choque. Compreendo o que é uma alma aflita e perplexa. Conheço o sentimento de indignação com o fato de que, mesmo agindo com retidão, somos, por vezes, surpreendidas por mentiras encobertas, falsidade, perseguição, luto físico ou emocional e até o espanto ao nos depararmos com as artimanhas de um mundo, tantas vezes, cruel.

VITORIOSA NAS AFLIÇÕES

Para mim, pelo menos, não é fácil e nunca foi. Lidar com as aflições e tribulações diárias, sendo nós humanas, é um desafio de proporções colossais. Felizmente, o nosso Deus é maior que qualquer uma delas. Tanto é assim que o Senhor que garantiu sustento em todas as ocasiões cumpriu sua promessa quando passei pelas minhas muitas provações. Um exemplo claro disso foi quando ele acalmou meu coração no secreto, no momento em que fui julgada publicamente diante de uma situação de ruptura pessoal. Indivíduos que nada sabiam sobre o que realmente se passava entre as quatro paredes da minha casa e fora da tela do celular agiram naquele instante como se estivessem dia e noite em minha pele.

Aqueles que aplaudiram as imagens estáticas de uma união aparentemente perfeita foram os mesmos que mais tarde jogaram pedras em um coração já ferido, apenas para tentar ouvir o meu grito nunca verbalizado por inteiro — talvez com o intuito de matar a própria curiosidade, tentando saber mais sobre as razões do rompimento.

Eu preferi me silenciar, por obediência ao direcionamento de Deus. Dei a outra face e deixei-me ser julgada. Acredite, foi uma enorme aflição. Mas, como prometido por Cristo, ele esteve comigo o tempo todo. Aliás, ele se fez ainda mais presente e me amparou, pois sabia de tudo o que havia acontecido. Ele conhecia intimamente meu coração, minhas ações e intenções.

Na intimidade relacional com o Espírito Santo, foi ele mesmo quem revelou de forma crescente e urgente o que ainda estava encoberto nessa situação antes que ela ruísse. Foi ele quem, pessoalmente, fortaleceu-me e encorajou-me, dia a dia, a fim de enfrentar o que viria pela frente. O Senhor me direcionou em cada instante e me manteve em paz diante de decisões difíceis, mentiras absurdas e julgamentos ásperos.

Contudo, eu — assim como você e qualquer outra pessoa neste mundo — não fui a primeira nem serei a última a enfrentar angústias, sofrimento e adversidades. A Bíblia, por sinal, apresenta-nos uma lista de inúmeros homens e mulheres que passaram por aflições. E quando penso nisso, um dos primeiros nomes que me vêm à mente é o de Jó.

A GRANDE LIÇÃO DE JÓ

Depois de Jesus, Jó talvez seja o maior exemplo bíblico de alguém que teve de enfrentar grandes aflições. Homem bem-sucedido, dono de uma grande fortuna, dispunha de uma bela família e era cheio de saúde. Só por aí sua vida já parecia beirar a perfeição. Mas as qualidades e bênçãos não terminam com essa lista. Ele também é apresentado nas Escrituras como um homem "íntegro e correto, [que] teme a Deus e se mantém afastado do mal" (Jó 1.8, NVT — acréscimo nosso). Foi quando Satanás chegou até o Senhor e lançou o desafio:

> [9]É verdade, mas Jó tem bons motivos para temer a Deus. [10]Tu puseste um muro de proteção ao redor dele, de sua família e de seus bens e o abençoaste em tudo que ele faz. Vê como ele é rico!
>
> [11]Estende tua mão e toma tudo que ele tem, e certamente ele te amaldiçoará na tua face!
>
> (Jó 1, NVT)

Deus, então, permitiu que o Diabo tocasse em tudo o que Jó tinha, proibindo-o apenas de tirar-lhe a vida. Sem que tivesse cometido nenhum pecado ou ofensa contra o Senhor, em pouco tempo, Jó

VITORIOSA NAS AFLIÇÕES

perdeu os filhos, os bens e a saúde a ponto de sua esposa, ao se deparar com tantas aflições, dar-lhe um ultimato: "Você ainda tenta manter sua integridade? Amaldiçoe a Deus e morra!" (Jó 2.9, NVT). Mas "em tudo isso, Jó não pecou nem culpou a Deus" (Jó 1.22, NVT).

Ao longo de mais de 40 capítulos, encontramos aquele homem sendo questionado sobre sua integridade, sua responsabilidade pelos sofrimentos enfrentados e as razões que o levaram a viver aquela imensa aflição. Até que, por fim, Jó dialoga com Deus e, ao alcançar as conclusões às quais o Senhor queria que ele chegasse, teve a sua situação revertida:

> [10] Quando Jó orou por seus amigos, o Senhor o tornou próspero de novo. Na verdade, o Senhor lhe deu o dobro do que tinha antes. [11] Todos os seus irmãos, suas irmãs e seus amigos de outros tempos vieram e festejaram com ele à mesa de sua casa. Eles o consolaram e o confortaram por todas as provações que o Senhor tinha enviado contra ele, e cada um lhe trouxe um presente de prata e um anel de ouro.
>
> [12] O Senhor abençoou Jó na segunda parte de sua vida ainda mais que na primeira. Ele teve catorze mil ovelhas, seis mil camelos, mil juntas de bois e mil jumentas. [13] Deus também deu a Jó sete filhos e três filhas. [14] Jó chamou a primeira filha de Jemima, a segunda, de Quézia, e a terceira, de Quéren-Hapuque. [15] Em toda a terra, não havia mulheres tão lindas como as filhas de Jó. E seu pai lhes deu herança junto com os irmãos delas.
>
> [16] Depois disso, Jó viveu 140 anos e viu quatro gerações de filhos e netos. [17] Então, morreu, depois de uma vida longa e plena.
>
> (Jó 42, NVT)

A história de Jó nos traz grandes lições. Porém, acredito que a maior delas seja a importância de se manter fiel a Deus em

" O Senhor me direcionou em cada instante e me manteve em paz diante de

decisões difíceis,
mentiras absurdas
e julgamentos
ásperos. ”

todo tempo, mesmo em meio a muitas aflições. Tamanho era o temor de Jó pelo Senhor que, ainda que tivesse sido destituído de tudo o que possuía, apenas abaixou a cabeça e disse: "Saí nu do ventre de minha mãe, e estarei nu quando partir. O Senhor me deu o que eu tinha, e o Senhor o tomou. Louvado seja o nome do Senhor!" (Jó 1.21, NVT).

Isso nos ensina algo precioso para os nossos momentos de aflição: diante de dor, doença, luto, rupturas, escassez, desemprego, desamparo, solidão, traição, ofensas, ódio ou qualquer outro motivo de tribulação, devemos nos manter totalmente fiéis a Deus, sem murmurar contra ele nem o culpar — sabendo, assim como Jó, que ele é soberano sobre a Terra e, a seu tempo, irá fazer justiça em nossa vida.

GRANDES PROMESSAS

Minha querida amiga, nas suas piores aflições, não peque com seus lábios, mas use-os para clamar ao Senhor e ser fortalecida. Minha alma se aflige diante das maldades do mundo, mas meu coração, aos prantos, sempre encontra Jesus e é consolado e restaurado.

Imagino que você também tenha motivos para sentir sua alma atribulada em incontáveis circunstâncias, seja por incompreensão do mundo, dores intensas, sentimento de incapacidade, sonhos destruídos, luto, vergonha, planos não concluídos, amores frustrados, mentiras que jamais imaginava ou o que quer que seja. Sei que dói se sentir frágil. É desanimador se sentir insegura. Buscamos respostas para descobrir onde erramos e por que estamos passando por certas situações, mas, muitas vezes, não encontramos uma explicação que alivie a aflição. É quando devemos olhar para a Bíblia Sagrada e mergulhar nas grandes promessas de consolo que ele tem para nós. Devemos ler, por exemplo, as palavras de Jesus em João 16.33 (NVT), porque, apesar de o versículo afirmar: "No mundo vocês terão aflições", ele continua encorajando ao dizer:

Mas animem-se, pois eu venci o mundo".

Sim! O nosso Amado venceu o mundo, o pecado, a morte, a carne, o inferno e todo mal, e, por isso, sabemos que ele tem poder para fazer-nos superar qualquer aflição. Não só isso, mas além de o Senhor nos livrar delas, durante o processo, ele nos encontra com o seu consolo:

> ³Bendito seja o Deus e Pai de nosso Senhor Jesus Cristo, Pai das misericórdias e Deus de toda consolação, ⁴*que nos consola em todas as nossas tribulações*, para que, com a consolação que recebemos de Deus, possamos consolar os que estão passando por tribulações.
>
> (2 Coríntios 1 — grifo meu).

Essa é uma verdade afirmada e reafirmada ao longo de todo Livro Sagrado, como percebemos intensamente nos Salmos, como relatado, por exemplo, no capítulo 18: "Na minha aflição clamei ao Senhor; gritei por socorro ao meu Deus. Do seu templo ele ouviu a minha voz; meu grito chegou à sua presença, aos seus ouvidos" (Salmos 18.6). A petição do salmista aflito ecoa até nossos dias pelas páginas das Escrituras. Observe um trecho do capítulo 25:

✥ FORTE & CORAJOSA

> [16]Volta-te para mim e tem misericórdia de mim, *pois estou só e aflito.*
>
> [17]As angústias do meu coração se multiplicaram; *liberta-me da minha aflição.*
>
> [18]Olha para a minha tribulação e o meu sofrimento, e perdoa todos os meus pecados.
>
> [19]Vê como aumentaram os meus inimigos e com que fúria me odeiam!
>
> [20]Guarda a minha vida e livra-me! Não me deixes decepcionado, pois eu me refugio em ti.
>
> [21]Que a integridade e a retidão me protejam, porque a minha esperança está em ti.
>
> [22]*Ó Deus, liberta Israel de todas as suas aflições!*
>
> (Salmos 25 — grifo meu)

Nosso Deus é o único que pode nos dar a paz que excede todo entendimento. Como é bom viver de maneira leve, mesmo quando tentam colocar o peso alheio sob nossos ombros. Depender do Senhor e ser guiada por ele é um dos maiores presentes que podemos desfrutar. Digo isso, porque quando vivemos essa realidade, passamos a entender muito do que até então estava encoberto.

Em meio às aflições, compreendi que, quando sou direcionada por Deus, posso manter-me mansa e forte ao mesmo tempo. Entendi que posso lutar sem precisar gritar aos quatro cantos a verdade, pois o Senhor me justifica e defende. Compreendi também que, apesar de o mundo estar submerso em falsidade, a verdade sempre será mais valiosa e importante do que qualquer reputação ou *status*; o Senhor sempre nos recompensará por sermos verdadeiras. Percebi que, mesmo sendo enganada, nunca me engano quando escolho a Palavra de Deus para me guiar. Aprendi também que perdemos

VITORIOSA NAS AFLIÇÕES

tempo quando, em nossa teimosia, tomamos decisões apressadas e não prestamos atenção aos sinais de Deus. Entendi que sempre podemos superar e recomeçar mais fortes e atentas aos avisos de Deus. Compreendi que a liberdade que temos nos trará decepção e desilusão se usada sem o direcionamento divino. Percebi que a sabedoria só pode ser adquirida ao buscarmos a Fonte correta, e ela nos revela e nos capacita a enfrentarmos tudo o que precisarmos.

Querida amiga, assim como eu entendi tantas coisas, você também pode fazer grandes descobertas. Basta reafirmar sua confiança em Cristo no momento em que se encontrar aflita, frágil e decepcionada. Lembre-se de que Jesus também se sentiu aflito no Getsêmani, quando seu coração dilacerado o levou a orar de joelhos, pedindo ao Pai o conforto de que necessitava naquele episódio tão duro: "Meu Pai, se for possível, afasta de mim este cálice; contudo, não seja como eu quero, mas sim como tu queres" (Mateus 26.39). Ele sabia que a vontade do Pai era melhor e, então, entregou-se, morreu e ressuscitou por nós.

Por isso, creia que, em todos os instantes em que seu coração se afligir, Jesus a compreenderá e agirá em seu favor quando você pedir de todo o coração. O resultado? Você será vitoriosa diante de toda aflição.

Não se esqueça do que o salmista registrou a respeito dos exilados israelitas: "Em sua aflição, clamaram ao Senhor, e ele os livrou de seus sofrimentos" (Salmos 107.13, NVT).

Temos de crer que o mesmo ele fará por nós!

✥ FORTE & CORAJOSA

Minha querida, mantenha-se intimamente conectada a Deus por meio do Espírito Santo. Alimente sua confiança e fé diária com palavras de afirmação do próprio Deus por meio de sua Palavra. Quando a opressão apertar sua mente e tentar manipulá-la com ressentimento, culpa e dor, direcione seus pensamentos para a fidelidade, a bondade e o amor de Deus por você.

Vamos Orar

Minha amiga, você tem vivido intensas tribulações? Olha para os lados, mas parece não encontrar saída para essa angústia constante em sua alma? Então é hora de mergulhar na Palavra do Senhor e buscar a certeza de que o Deus que enviou Jesus para nos salvar da aflição eterna não se furtará a lhe dar consolo e paz enquanto caminha pelo vale da sombra da morte — até o belo e glorioso instante em que, enfim, chegará aos pastos verdejantes. Convicta dessa certeza, ore comigo:

Em minha aflição, clamo confiante de que o Senhor é testemunha ocular da minha dor e conhece o íntimo do meu ser. O Senhor que suportou a dor da humanidade e, por amor, experimentou todo sofrimento, ataque e incredulidade por nós, eu entrego novamente meu coração e me coloco de joelhos como expressão de reverência e gratidão, porque o amo imensamente e reconheço a sua força, que tudo venceu com verdade e justiça.

Ajude-me a ser mais forte e a suportar os momentos difíceis de profunda aflição na certeza de que, enquanto estiver na sua companhia, poderei encarar e passar por todos eles.

Peço que me auxilie a perdoar aqueles que me ferem, compreendendo que, assim como eu, eles são falhos e dependem da sua misericórdia. Que cada um deles conheça profundamente a sua graça e amor, e que o Senhor possa me ensinar a amá-los genuinamente.

Oro para que eu sempre me lembre de que o Senhor é o meu resgate, a minha redenção e socorro bem presente na angústia. Assim, contemplarei da sua paz em qualquer cenário.

Que assim seja, em nome de Jesus!

1. TRAGA À MEMÓRIA

Escreva no espaço a seguir as três maiores aflições que você enfrentou na vida e de que forma cada uma foi solucionada; respondendo também: como consegue perceber a ação de Deus nessas ocasiões?

✛ FORTE & CORAJOSA

2. APLIQUE AO SEU MOMENTO

Faça uma lista das aflições que você está enfrentando neste exato momento.

3. TRAGA À MEMÓRIA O QUE PODE DAR ESPERANÇA

Agora ore e pergunte ao Espírito Santo o que compete a você na resolução das aflições que está passando neste momento. Em seguida, procure três versículos com promessas divinas que a encorajarão a seguir em frente e anote aqui. Coloque uma meta para decorá-los e ore a respeito dessas verdades.

VENÇA AS
tentações

"Com fé, obediência e fazendo uso da Palavra de Deus como sua arma infalível, você poderá vencer as tentações."

Imagine o cenário: você conhece a verdade da Bíblia e, por isso, deseja se santificar e viver de acordo com a vontade de Deus. Entretanto, em dado momento, sente um impulso fortíssimo para dizer, pensar, fazer ou deixar de fazer algo que — você sabe — fere o Senhor. Então, mesmo com total consciência de que é errado, vai em frente e coloca em prática o que não deveria ou deixa de fazer o que deveria. Sabe como isso se chama?

Cair em tentação.

De acordo com as Escrituras, a tentação é esse forte impulso que nos instiga à concretização de qualquer conduta e pensamento censurável aos olhos de Deus. Sua origem está no Éden, quando o primeiro homem saboreou o fruto da desobediência e, com isso, condenou todos os seres humanos ao pecado original. A partir de Adão, cada pessoa no mundo passou a carregar em si a inclinação para o mal.

A tentação se dá justamente no instante em que Satanás e seus demônios se aproximam e, usando essa nossa tendência natural para a maldade, instigam-nos a desobedecer ao Senhor. Se cedemos a essas sugestões, a tentação se transforma em pecado consumado, que, por sua vez, leva-nos à morte (cf. Tiago 1.15).

Do Diabo vêm as ofertas criativamente elaboradas para nos cegar e nos desviar dos planos divinos. Elas podem encher nossos olhos com maravilhas ilusórias e momentâneas de poder, riquezas, glória pessoal, prazer e realizações de desejos egoístas — que, na verdade, não trarão felicidade.

Costumo comparar a tentação à linda miragem de um oásis no meio do deserto. Caminhamos em direção a ele com alegria e entusiasmo para nos banharmos em suas águas frescas e matarmos a sede, mas, quando nos damos conta, vemos que nada realmente é verdade e continuamos ainda mais sedentos e cansados. Você já passou por isso?

○ SIM   ○ NÃO

Atrevo-me a dizer, com cem por cento de certeza, que você assinalou *sim*. Como posso afirmar com convicção? Porque absolutamente todas as pessoas que caminharam ou caminham sobre a Terra já foram alvos de tentações do Diabo. Até mesmo Jesus. Sim, o Cordeiro de Deus, sem mancha nem pecado, foi submetido às tentações e investidas do Maligno. A diferença é que ele enfrentou cada uma delas sem pecar, enquanto nós, frequentemente, cedemos e incorremos no erro. Como explicou o apóstolo Pedro: "'Ele não cometeu pecado algum, e nenhum engano foi encontrado em sua boca'" (1 Pedro 2.22), realidade confirmada pelo autor de Hebreus:

> [14]Portanto, visto que temos um grande sumo sacerdote que adentrou os céus, Jesus, o Filho de Deus, apeguemo-nos com toda a firmeza à fé que professamos, [15]pois não temos um sumo sacerdote que não possa compadecer-se das nossas fraquezas, mas sim alguém que, como nós, passou por todo tipo de tentação, porém, sem pecado.
>
> (Hebreus 4)

VENÇA AS TENTAÇÕES

Em contrapartida, assim como as Escrituras nos revelam a identidade de Cristo como nosso Sumo Sacerdote, Cordeiro perfeito, que permaneceu firme até o fim sem pecar, elas também apresentam o Diabo como o tentador:

> [5]Por essa razão, não suportando mais, enviei Timóteo para saber a respeito da fé que vocês têm, a fim de que o tentador não os seduzisse, tornando inútil o nosso esforço.
>
> (1 Tessalonicenses 3)

> [1]Então Jesus foi levado pelo Espírito ao deserto, para ser tentado pelo Diabo. [2]Depois de jejuar quarenta dias e quarenta noites, teve fome. [3]O tentador aproximou-se dele e disse: "Se és o Filho de Deus, manda que estas pedras se transformem em pães".
>
> (Mateus 4)

É por esse motivo que a Palavra nos alerta que devemos, constantemente, vigiar e orar para não cair em tentação, afinal, o espírito está pronto, mas a carne é fraca (cf. Mateus 26.41). Cada dia mais somos bombardeadas pelas artimanhas de Satanás e, se não nos mantivermos alertas e conhecermos intimamente a Palavra de Deus, sem percebermos seremos cúmplices de seus planos obscuros.

O tentador tem usado a influência de diversas áreas, como a mídia, a moda, a economia, as artes e muitas outras, para nos encaminhar às trevas. Por opção ou por não terem conhecimento e discernimento, muitos são levados a um pedestal social e a uma referência distorcida de sucesso, cedendo, assim, às tentações e caindo no pecado.

Tome cuidado. Todas podemos cair nessa armadilha. Aliás, eu mesma já caí inúmeras vezes.

A ALEGRIA DO PERDÃO

Quando olho para o meu passado, eu me vejo claramente na posição de alguém que, por desconhecimento, ignorância espiritual e falta de discernimento, cedeu às tentações e acabou pecando. Sem notar que estava no erro, tornei-me uma referência de sensualidade, levando muitos a pecar e outros a se espelhar em mim, mostrando o corpo e exaltando o que é superficial.

Mesmo sem me embriagar, fiz muita propaganda de bebidas alcoólicas e, com isso, estimulei várias pessoas a consumirem com e sem moderação algo que não faz bem nem à saúde física nem à mental — muito menos à espiritual. Fui tentada também a me sentir ousada e dona do meu nariz ao me exibir nua em uma revista. E, infelizmente, caí na tentação.

Não me orgulho de nada disso. Mas esses episódios fazem parte do meu passado e não há como mudar. Felizmente, Deus enviou seu Filho unigênito para que todo aquele que cede à tentação e incorre em pecado tenha a possibilidade de ser purificado, restaurado e feito nova criação.

A cruz de Cristo e a ressurreição do Senhor nos deram acesso ao perdão, mediante o arrependimento.

VENÇA AS TENTAÇÕES

Apesar de tudo o que fiz no passado, cedendo às tentações e errando tantas vezes, hoje, encontrei a paz e quero compartilhar com você o caminho para chegar até lá também. Se você se encontra atormentada porque cedeu à tentação e isso trouxe danos à sua vida ou à de outros, eis o caminho que você precisa trilhar: primeiro, arrepender-se verdadeiramente em seu coração, como Jesus afirmou: "'Eu não vim chamar justos, mas pecadores ao arrependimento'" (Lucas 5.32); "'Mas se não se arrependerem, todos vocês também perecerão'" (Lucas 13.5b). Em seguida, você precisa confessar a Deus o seu pecado e abandoná-lo, pois essa é a trajetória que a levará ao perdão divino: "Quem esconde os seus pecados não prospera, mas quem os confessa e os abandona encontra misericórdia" (Provérbios 28.13).

Uma vez que tenha dado esses passos, do arrependimento ao abandono do pecado cometido por não ter cedido às tentações, o resultado é o perdão de Deus. Que glorioso! Sim, o Senhor tem enorme alegria em perdoar o pecador arrependido. A Palavra nos garante:

[8]O Senhor é compassivo e misericordioso, mui paciente e cheio de amor.

[9]Não acusa sem cessar nem fica ressentido para sempre;

[10]não nos trata conforme os nossos pecados nem nos retribui conforme as nossas iniquidades.

[11]Pois como os céus se elevam acima da terra, assim é grande o seu amor para com os que o temem;

[12]e como o Oriente está longe do Ocidente, assim ele afasta para longe de nós as nossas transgressões.

> ¹³Como um pai tem compaixão de seus filhos, assim o Senhor tem compaixão dos que o temem;
>
> ¹⁴pois ele sabe do que somos formados; lembra-se de que somos pó.
>
> ¹⁵A vida do homem é semelhante à relva; ele floresce como a flor do campo,
>
> ¹⁶que se vai quando sopra o vento; tampouco se sabe mais o lugar que ocupava.
>
> ¹⁷Mas o amor leal do Senhor, o seu amor eterno, está com os que o temem e a sua justiça com os filhos dos seus filhos.
>
> (Salmos 103)

Minha querida, Deus não quer vê-la se remoendo até o fim da vida por culpa e remorso. Está arrependida de ter cedido à tentação? Confessou o pecado ao Senhor? Abandonou a prática pecaminosa? Então sorria e receba misericórdia e perdão divinos. Deus tem a maior alegria do mundo em perdoá-la e restaurá-la.

RESISTIR É POSSÍVEL!

José, filho do patriarca Jacó, é um exemplo bíblico de alguém que, cheio do temor do Senhor, não se deixou levar pela tentação. O relato de Gênesis nos conta que aquele rapaz cresceu tendo do bom e do melhor na casa de seu pai, e era também o seu filho predileto. Ao ver como José era privilegiado, seus irmãos mais velhos deixaram a inveja e o ciúme dominarem seu coração e, por isso, acabaram simulando a morte dele e o vendendo como escravo a uma caravana de ismaelitas que iam rumo ao Egito.

Assim que chegou àquela nação distante, o jovem foi negociado como escravo para o capitão da guarda do faraó.

VENÇA AS TENTAÇÕES

Ali, ele rapidamente caiu nas graças do seu senhor, como revela o texto bíblico:

> [2]O Senhor estava com José, de modo que este prosperou e passou a morar na casa do seu senhor egípcio. [3]Quando este percebeu que o Senhor estava com ele e que o fazia prosperar em tudo o que realizava, [4]agradou-se de José e tornou-o administrador de seus bens. Potifar deixou a seu cuidado a sua casa e lhe confiou tudo o que possuía. [5]Desde que o deixou cuidando de sua casa e de todos os seus bens, o Senhor abençoou a casa do egípcio por causa de José. A bênção do Senhor estava sobre tudo o que Potifar possuía, tanto em casa como no campo. [6]Assim, deixou ele aos cuidados de José tudo o que tinha, e não se preocupava com coisa alguma, exceto com sua própria comida.
>
> (Gênesis 39)

Mesmo escravizado, José achou favor diante de Potifar, tornou-se alguém bem-sucedido, adquiriu poder sobre a casa de seu senhor e foi reconhecido. Ou seja: embora tivesse passado pela tragédia de ter sido traído e vendido pelos próprios irmãos, ao ler o texto bíblico, consigo imaginar que o jovem hebreu acabou desfrutando de uma vida bastante confortável, à qual poucas pessoas escravizadas tinham acesso. O que poderia ser melhor?

Se você pensar como alguém que não tem temor a Deus, talvez responda que a única coisa que faltava a José — um jovem vistoso, cheio de hormônios e na flor da idade — seria ter uma bela mulher. Pois foi exatamente a oportunidade de ter uma amante rica e poderosa que cruzou o seu caminho, quando a própria mulher de Potifar começou a tentá-lo para ter relações sexuais com ela: "José era atraente e de boa aparência, e, depois

" Encontrei a paz e quero compartilhar com você

o caminho para chegar até lá também."

de certo tempo, a mulher do seu senhor começou a cobiçá-lo e o convidou: 'Venha, deite-se comigo!'" (Gênesis 39.6b-7).

Aos olhos do mundo, o que aquele moço tinha a perder? Ele já tinha o favor de seu senhor, provavelmente vivia um certo conforto e, agora, ainda tinha a chance de desfrutar dos prazeres sexuais com uma mulher relevante. Analisando o cenário, além dos momentos luxuriantes que poderiam ter juntos, ainda teria a chance de usar sua influência para beneficiá-lo de muitas maneiras. Que tentação! Para alguém que não teme a Deus, essa oportunidade poderia soar como uma proposta extremamente vantajosa e até irrecusável. Mas José *recusou*.

E qual foi o motivo de não ceder à tentação? Medo de Potifar? Falta de desejo? Desinteresse? Nada disso. "'Como poderia eu, então, cometer algo tão perverso e pecar contra Deus?'" (v. 9). Essas foram as palavras de José à mulher que o tentava. Sim, foi seu temor a Deus que o impediu de cair em adultério. Que lição!

Mas você acha que a tentação teve um fim depois disso? Não! "A mulher continuava a assediar José diariamente" (v. 10, NVT). Minha querida, a Bíblia nos aponta que aquela era uma tentação diária. Todos os dias a patroa abastada, importante e possivelmente bela oferecia-se ao jovem, junto a todas as vantagens dessa relação hipotética. E o que José fazia? "[...] mas ele se recusava a deitar-se com ela" (v. 10, NVT).

Agora, paremos para examinar esse trecho da história. Certamente, José tinha hormônios e desejos. Ele era um homem, afinal de contas. Porém, diante de todas as tentações, ele se lembrava: *se eu cair, pecarei contra Deus.*

Foi assim até que, certo dia, quando José entrou para fazer seu trabalho e não havia mais ninguém na casa, a mulher se aproximou, agarrou-o pela roupa e quis se deitar com ela. Imagine: não havia testemunha, a esposa de Potifar devia ser bonita, era uma pessoa rica e influente e queria muito se deitar com ele. A tentação era grande. José, porém, "[...] fugiu da casa, deixando o manto na mão dela" (v. 12).

Furiosa por ter sido rejeitada, sua patroa inventou que o jovem hebreu havia tentado estuprá-la. Com isso, seu marido mandou lançar o rapaz na prisão, onde passou longos anos até, finalmente, sair, ser inocentado e se tornar o segundo homem mais poderoso do Egito.

O que a história de José nos ensina? Que é, sim, possível resistir às maiores tentações, desde que tenhamos em mente as motivações certas. E a maior de todas é esta:

não pecar contra Deus.

Se você carrega no coração o desejo de agradar àquele que deu a própria vida para lhe dar salvação e vida eterna, que sofreu dores atrozes e derramou o seu sangue precioso para lhe dar acesso à paz abundante, então conseguirá dizer "não" a todo tipo de tentação, por mais prazerosas que lhe pareçam as ofertas do tentador.

DEUS NÃO PERMITE TENTAÇÕES QUE NÃO PODEMOS SUPORTAR

A lista de tentações é extensa e, muitas vezes, parece fazer parte do curso natural da caminhada, como se não houvesse outra opção. Assim, somos tentadas de diferentes formas: alimentando desejos carnais, vícios e idolatrias, contando pequenas mentiras, julgando as pessoas, acreditando que somos superiores aos outros, entregando-nos à preguiça e à procrastinação, vivendo uma ansiedade exagerada... enfim, a lista continua a perder de vista. Contudo, não devemos nos amedrontar. Fique tranquila, desacelere o coração e reflita.

Tudo que um dia já fizemos pode ser perdoado quando entregamos nossa vida a Jesus, o aceitamos como Senhor e Salvador e nos arrependemos de nossos erros. Por meio de Cristo, temos a chance de nascer novamente, reconhecendo nossas imperfeições e falhas, buscando a restauração e a santificação e aceitando o processo por intermédio do Espírito Santo.

Nesse sentido, compreender o sacrifício e o exemplo de Cristo é essencial. Na realidade, quando penso em tentação, Jesus é o maior exemplo que vem à minha mente. No deserto, ele foi tentado pelo Diabo em diversas instâncias: a saciar a fome, a ser reconhecido e a ter o mundo em suas mãos, mas, em tudo, ele resistiu e saiu vitorioso. Mesmo fraco fisicamente devido ao jejum extremo e sendo confrontado pelo enganador, ele persistiu até o fim. Sua força estava no desejo de cumprir seu propósito e agradar ao Pai. Com fé, obediência e fazendo uso da Palavra de Deus como sua arma infalível, ele foi vencendo cada tentação com a verdade divina — e nos ensinou a fazer o mesmo. Note só:

> [1]Então Jesus foi levado pelo Espírito ao deserto, para ser tentado pelo Diabo. [2]Depois de jejuar quarenta dias e quarenta noites, teve fome. [3]O tentador aproximou-se dele e disse: "Se és o Filho de Deus, manda que estas pedras se transformem em pães".
>
> [4]Jesus respondeu: "Está escrito: 'Nem só de pão viverá o homem, mas de toda palavra que procede da boca de Deus'".

VENÇA AS TENTAÇÕES

> [5]Então o Diabo o levou à cidade santa, colocou-o na parte mais alta do templo e lhe disse: [6]"Se és o Filho de Deus, joga-te daqui para baixo. Pois está escrito: 'Ele dará ordens a seus anjos a seu respeito, e com as mãos eles o segurarão, para que você não tropece em alguma pedra'".
>
> [7]Jesus lhe respondeu: "Também está escrito: 'Não ponha à prova o Senhor, o seu Deus'".
>
> [8]Depois, o Diabo o levou a um monte muito alto e mostrou-lhe todos os reinos do mundo e o seu esplendor.
>
> [9]E disse-lhe: "Tudo isto te darei se te prostrares e me adorares".
>
> [10]Jesus lhe disse: "Retire-se, Satanás! Pois está escrito: 'Adore o Senhor, o seu Deus, e só a ele preste culto'".
>
> [11]Então o Diabo o deixou, e anjos vieram e o serviram.
>
> (Mateus 4)

Se dermos espaço e liberdade ao Espírito Santo, Deus sempre nos sinalizará e alertará sobre o que pode nos conduzir ao mau caminho. Caberá a nós estarmos atentos à sua voz e, em obediência, mudarmos a rota — se necessário —, buscarmos sua ajuda constantemente, perseverarmos e resistirmos. É possível? Claro que sim. Jesus, que era cem por cento humano — sem deixar de ser cem por cento Deus —, conseguiu. José, que era cem por cento humano e cheio de falhas, conseguiu.

Por isso, você e eu também vamos conseguir!

✚ FORTE & CORAJOSA

Como posso afirmar isso? Porque é uma promessa bíblica:

> ¹²Assim, aquele que julga estar firme, cuide-se para que não caia!
> ¹³Não sobreveio a vocês tentação que não fosse comum aos homens.
> E Deus é fiel; ele não permitirá que vocês sejam tentados além
> do que podem suportar. Mas, quando forem tentados, ele mesmo
> lhes providenciará um escape, para que o possam suportar.
>
> (1 Coríntios 10)

Vamos Orar

Minha querida, as lutas estão pesadas? Você tem sido tentada de diversas maneiras, justamente naquelas áreas de sua vida em que mais tem dificuldade? Não se assombre por esse motivo, pois o tentador conhece você e sabe exatamente onde atacar. Mas a boa notícia é que Deus a conhece muito mais, ele é fiel e a ama. Portanto, não permitirá tentações maiores do que você pode suportar. Cheia dessa convicção, ore comigo.

Querido Pai, as lutas e tentações têm sido grandes e constantes. Assumo que tenho fracassado e pecado com frequência, por isso clamo pelo seu perdão. Eu me arrependo hoje e confesso que preciso do seu braço forte para me ajudar e sustentar diante das tentações.

VENÇA AS TENTAÇÕES

Amado da minha alma, muitas são as ofertas aparentemente saborosas e difíceis de resistir. Assim como José, tenho sido alvo diário de investidas que estão minando as minhas forças. Mas sei que quando sou fraca é que sou forte, pois posso todas as coisas naquele que me fortalece. Peço, Senhor, por favor que me fortaleça e me ajude em minhas fraquezas. Derrame em meu coração o temor de Deus e faça o meu amor pelo Senhor crescer dia após dia.

Que eu possa me espelhar sempre no exemplo de Cristo, que em todas as coisas foi tentado, porém sem pecar. Não permita que eu ceda aos desejos da carne, às fraquezas, à ambição desenfreada, aos sonhos de grandeza, fortuna e poder, mas que eu seja achada fiel em tudo o que fizer. Que os meus sonhos sejam os seus sonhos para mim.

Em nome de Jesus, eu peço. Amém!

1. ARREPENDIMENTO, CONFISSÃO E ABANDONO

Se você tem cedido constantemente a certo tipo de tentação e reconhece que está pecando contra Deus, quero convidá-la a se arrepender, confessar e abandonar as suas más práticas. Escreva a seguir uma confissão a Deus, comprometendo-se a não cometer o mesmo erro.

_____

_____

_____

2. AS ÁREAS MAIS FRÁGEIS

Analise sua vida e anote as áreas em que você mais costuma ser tentada. Logo após, ore sobre isso, coloque aos pés de Cristo e peça ajuda.

VENÇA AS TENTAÇÕES

3. COMPROMISSO

Agora que você registrou suas vulnerabilidades, pesquise na Bíblia e escreva, em seguida, que ações práticas pode fazer para evitar que essas tentações se tornem pecados.

8

SUPERE OS *desafios* DO DIA A DIA E VENÇA O CANSAÇO

"Cobre-se menos e
não se esqueça de que
Jesus lhe oferece
descanso e paz nele."

A vida é cheia de desafios, tarefas, cobranças, necessidades, urgências, surpresas, problemas, correrias, compromissos, obstáculos, demandas, tristezas, imprevistos, agendas, resoluções, exigências, alegrias, horários, estresse, obrigações... Meu Deus!

Ficou cansada só de ler isso? Pois é, então você entende bem sobre o que estou falando. Uma coisa é certa: viver não é fácil, pois são inúmeras as dificuldades diárias. O resultado, muitas vezes?

Cansaço... muito cansaço.

Você se identifica com isso? Seu estilo de vida parece que tem sugado suas energias e a deixado no bagaço? Você se sente constantemente vencida pelo esgotamento?

○ SIM   ○ NÃO

Se por acaso assinalou "sim", é tempo de reagir e se tornar mais forte que a rotina diária. Viver sobrecarregada, à beira de um colapso, no limite do estresse, da ansiedade e da frustração tem sido a realidade de muitas mulheres. Afinal, os rumos da História no passado recente da nossa sociedade nos empurraram para múltiplas responsabilidades, em diferentes áreas, em um mesmo momento. Tanto que há horas que parece que não vamos conseguir.

Desejamos tão ardentemente dar conta de tudo que, ao assumirmos as rédeas da nossa vida, com o intuito de termos certo controle e nada sair errado, recheamos nossa agenda diária com diversos assuntos e atividades, que ocupam não só o nosso tempo, mas também a nossa mente e emocional.

Se não vigiarmos e estabelecermos prioridades, seremos levadas por uma correnteza irrefreável, sem pausa para desacelerar nem descanso para recarregar as energias e ajustar o que for preciso para vivermos com mais leveza, alegria e paz.

Você já parou para analisar que, quando nos encontramos nesse estado, ficamos desconectadas de Deus, nos irritamos com mais facilidade, não paramos o suficiente para orar com adoração nem nos permitimos ser acalmadas pela mansidão tranquilizante do Espírito Santo? Qual é a consequência? Menos intimidade com Deus, menos paz e mais estresse e ansiedade.

Isso tem de acabar!

PRIORIZE O QUE DE FATO É PRIORITÁRIO

A minha rotina é uma correria. Compromissos artísticos, sessões de fotos, gravações de vídeos, apresentação de *podcast*, viagens pelo Brasil e mundo afora, demandas da família e muitas outras atividades pedem de mim dedicação, esforço e tempo para realizar tudo com excelência. Se eu não assumir o controle da minha rotina e priorizar o que realmente é importante, não dou conta.

Eu aprendi muito acerca de como equilibrar todos esses compromissos meditando no que a Bíblia revela sobre essa questão. As Escrituras me ensinaram o valor do descanso e da necessidade de diminuir o ritmo e dizer "não" para certos afazeres. Não é pecado remanejar, sem culpa, o que precisamos fazer, compreendendo que a pausa é crucial para a vida saudável e equilibrada. Eclesiastes nos afirma uma verdade essencial:

Há tempo para todas as coisas!

SUPERE OS DESAFIOS DO DIA A DIA E VENÇA O CANSAÇO

Alegre-se e busque em Deus como viver o agora da melhor forma possível. Priorize seu encontro com ele pela manhã; acorde um tempo antes, ore por direcionamento e organização diária e leia a Palavra. Lembre-se:

> [1]Para tudo há uma ocasião certa; há um tempo certo para cada propósito debaixo do céu:
>
> [2]Tempo de nascer e tempo de morrer, tempo de plantar e tempo de arrancar o que se plantou,
>
> [3]tempo de matar e tempo de curar, tempo de derrubar e tempo de construir,
>
> [4]tempo de chorar e tempo de rir, tempo de prantear e tempo de dançar,
>
> [5]tempo de espalhar pedras e tempo de ajuntá-las, tempo de abraçar e tempo de se conter,
>
> [6]tempo de procurar e tempo de desistir, tempo de guardar e tempo de jogar fora,
>
> [7]tempo de rasgar e tempo de costurar,
>
> [8]tempo de calar e tempo de falar, tempo de amar e tempo de odiar, tempo de lutar e tempo de viver em paz.
>
> [14]Sei que tudo o que Deus faz permanecerá para sempre; a isso nada se pode acrescentar, e disso nada se pode tirar. Deus assim faz para que os homens o temam.
>
> [15]Aquilo que é, já foi, e o que será, já foi anteriormente; Deus investigará o passado.
>
> (Eclesiastes 3)

Escolha suas batalhas. Acolha seu cansaço. Descanse em Deus, e ele a animará para fazer o bem e o que é certo. Confie. Ele lhe trará vigor e disposição para realizar sua obra e cumprir o propósito divino, se você estiver no centro da sua vontade.

Como escreveu o profeta Isaías: "Ele fortalece o cansado e dá grande vigor ao que está sem forças. Até os jovens se cansam e ficam exaustos, e os moços tropeçam e caem; mas aqueles que esperam no Senhor renovam as suas forças. Voam alto como águias; correm e não ficam exaustos, andam e não se cansam" (Isaías 40.29, 31). Saber disso tem me fortalecido e renovado as minhas energias dia a dia.

Minha querida, tome cuidado para não despender esforço naquilo que não faz parte do seu propósito e que Deus não lhe pediu. Isso a protegerá de ficar cansada na hora das lutas mais importantes. Confesso que, assim como você, nem todos os dias acordo forte e cheia de energia, mas em todos eles o Senhor me capacita, transforma minhas emoções e perspectiva, traz ânimo e vigor e me encoraja a enfrentar o que for preciso para ir adiante com o seu propósito em minha vida.

UMA SÓ COISA É NECESSÁRIA

A Bíblia nos apresenta a história de uma grande amiga de Jesus que, mesmo o amando e desejando servir-lhe, entregou-se de tal maneira ao cansaço do ativismo diário que se esqueceu da melhor parte: simplesmente desfrutar da presença do seu Senhor. O nome dela? Marta.

As escolhas de Marta estavam fora de foco, pois, mesmo com a melhor das boas intenções, ela não havia entendido ainda que as suas prioridades não eram as de Cristo. Veja:

> [38]Caminhando Jesus e os seus discípulos, chegaram a um povoado onde certa mulher chamada Marta o recebeu em sua casa.
>
> [39]Maria, sua irmã, ficou sentada aos pés do Senhor, ouvindo a sua palavra. [40]Marta, porém, estava ocupada com muito serviço.

SUPERE OS DESAFIOS DO DIA A DIA E VENÇA O CANSAÇO

> E, aproximando-se dele, perguntou: "Senhor, não te importas que minha irmã tenha me deixado sozinha com o serviço? Dize-lhe que me ajude!"
>
> [41]Respondeu o Senhor: "Marta! Marta! Você está preocupada e inquieta com muitas coisas; [42]todavia apenas uma é necessária. Maria escolheu a boa parte, e esta não lhe será tirada.".
>
> (Lucas 10)

Embora, certamente, Jesus estivesse feliz pelo serviço de Marta, não era isso o que ele esperava dela naquele momento. Seu desejo era vê-la parar. Acalmar. Respirar fundo. Baixar a pressão. Sentar-se aos seus pés e desfrutar de sua presença. Tudo no tempo certo.

Marta, portanto, nos ensina uma preciosa lição: a quantidade de afazeres não significa progresso.

Não se deixe distrair na correria do dia a dia.

Esteja atenta à vontade de Deus, para entender as prioridades de cada fase e ter êxito em todos os seus caminhos.

Parar a fim de ouvir Jesus deve ser sempre a nossa prioridade máxima. Nós nos cansaremos mais e perderemos tempo se quisermos sair à frente, realizando tarefas e atividades que não foram direcionadas por Deus. Assim como Marta, muitas vezes,

"Escolha suas batalhas. Acolha seu cansaço. Descanse em Deus,

e ele a animará
para fazer
o bem e o que
é certo. "

desperdiçaremos muito tempo — dias, anos ou até uma vida toda — se seguirmos com pressa e sem foco no que é principal.

Busque orar e escutar a direção diária do Céu para você. Esteja atenta e saiba que há um tempo correto para cada coisa, e que somente Deus o conhece. Deixe que ele comande o seu relógio.

Quantas vezes agimos como Marta? Reclamamos que estamos fazendo mais do que deveríamos, que estamos cansadas e a um passo de um ataque de nervos, mas não nos damos conta de que assumimos responsabilidades demais, que, por vezes, nem são nossas. Se percebe que isso tem acontecido com você, é hora de ouvir a voz suave e tranquilizadora de Jesus, que lhe diz o mesmo que afirmou para aquela mulher cheia de boas intenções, mas com o foco fora de lugar: "Você está preocupada e inquieta com muitas coisas; todavia apenas uma é necessária".

Que "coisa" é essa?

Jesus.

DESCANSO PARA A ALMA

Diante de tudo isso, você deve estar se perguntando: o que fazer, então, para conseguir me organizar melhor e viver com mais fluidez, menos peso e pondo Jesus no centro das minhas prioridades? A resposta é simples: preferindo o que é essencial e deixando espaços na agenda para literalmente não ter nada programado além de respirar e repousar o coração, a mente e o corpo. Pois nesses instantes você será capaz de silenciar o mundo barulhento ao redor e ouvir a doce voz de Cristo.

Cobre-se menos. E não se esqueça de que Jesus lhe oferece descanso e paz *nele*:

> **28**"Venham a mim, todos os que estão cansados e sobrecarregados, e eu lhes darei descanso. **29**Tomem sobre vocês o meu jugo e aprendam de mim, pois sou manso e humilde de coração, e vocês encontrarão descanso para as suas almas. **30**Pois o meu jugo é suave e o meu fardo é leve".
>
> (Mateus 11)

Se você, assim como eu, é uma mulher ativa, glória a Deus! Isso não é ruim. Mas cuidado, pois se, por um lado, não faz bem sermos ociosas e improdutivas, por outro, devemos sempre avaliar se não estamos exagerando e correndo atrás do vento, como disse o sábio Salomão: "Tenho visto tudo o que é feito debaixo do sol; tudo é inútil, é correr atrás do vento!" (Eclesiastes 1.14). O que significa correr atrás do vento? É se preocupar e dispor suas energias em função de algo desnecessário, fútil ou que poderia ser terceirizado. Entenda:

Mais importante do que quanto corremos é avaliarmos para que e para onde estamos indo!

Em outras palavras, é fundamental que você se reorganize e creia que é possível ter uma vida de paz, mesmo com inúmeras tarefas. Você é, sim, capaz! Mesmo que, hoje, não tenha conseguido cumprir toda a lista de incumbências que planejou, ou que durante os últimos anos não tenha conquistado todos os seus objetivos, ou que muito do que planificou não tenha acontecido como imaginava, acredite: se estiver no centro da vontade de Deus, e a sua confiança estiver nele, você já está vencendo!

Em contrapartida, talvez você não esteja com a saúde cem por cento nem com a mesma disposição da juventude. Quem sabe não está com suas finanças da forma que gostaria? Quiçá esteja cansada, sobrecarregada ou desiludida, ou até mesmo tenha perdido tudo. Seja qual for a situação, se, ainda assim, permanece buscando e adorando a Deus, sendo obediente a ele, lutando e fazendo a parte que lhe cabe, tenha convicção de que, apesar das circunstâncias, você está vencendo e avançando.

Continue! Persevere. Há muito mais de Deus para a sua vida, afinal, ele é infinito. Você crê? Tome posse e recupere o ânimo! Creia que grandes milagres estão a caminho para os que são fiéis ao Senhor.

Vamos Orar

Minha querida, você se sente cansada e sobrecarregada? A vida parece uma montanha-russa, cheia de picos e vales em alta velocidade e sem perspectiva de uma parada? Se esse é o seu caso, chegou a hora de lançar sobre Cristo a sua ansiedade, estresse, falta de paz e excesso de peso. Ele a ama e quer o seu bem! Deus não deseja vê-la tão tomada pelas tarefas do cotidiano, que não tenha tempo para estar a sós com ele, em intimidade. Convicta dessa verdade, ore comigo.

SUPERE OS DESAFIOS DO DIA A DIA E VENÇA O CANSAÇO

Querido Pai, oro, hoje, clamando ao Senhor que me ensine a priorizar as demandas da minha vida. Ajude-me, por meio do seu Santo Espírito, a organizar a minha agenda, de maneira que consiga poupar as energias e recarregar as baterias diariamente no Senhor.

Eu compreendo, agora, que a alta velocidade não garante o êxito na jornada. Quero lutar apenas os bons combates e manter meus compromissos alinhados ao seu propósito para minha história.

Sei que, quando escuto e obedeço ao Senhor, posso acalmar o coração e ter a certeza do seu direcionamento, cuidado e amor. O Senhor, sim, sabe o que é melhor para mim e nunca chega atrasado.

Deus, tenho convicção de que, por meio da sua capacitação, avançarei realizando a sua obra, sem preguiça nem pressa, mas na velocidade ideal.

Oro, neste instante, e peço ao Senhor que eu possa remir o meu tempo e derramar sabedoria para que eu tenha boa mordomia dos dias que o Senhor confiou a mim. Tire todo estresse e ansiedade do meu interior e me preencha com paz e ânimo. Eu agradeço com fé e confiança! Em nome de Jesus. Amém!

1. AS RAZÕES DO SEU CANSAÇO

Faça a seguir uma lista de tudo o que tem contribuído para o seu cansaço e estresse. Descreva quais são as atividades e preocupações que mais roubam sua paz e seu ânimo.

_____

_____

✢ FORTE & CORAJOSA

_____

_____

_____

_____

_____

_____

_____

_____

2. MUDANÇAS

Agora que identificou as principais causas da sua exaustão, escreva o que pode mudar na sua rotina para resolver cada uma dessas questões. Indique as tarefas que pode eliminar de seu cotidiano, as que pode realizar de outro modo e as que tem condição de delegar. Não se esqueça de orar e pedir ao Senhor por estratégias criativas para realizar o que está na sua mão hoje.

_____

_____

_____

_____

_____

3. EQUILÍBRIO

Deus nos chamou para ter um relacionamento com ele. Essa é a nossa prioridade. Portanto, separe na sua agenda um período específico para desenvolver essa intimidade com o Senhor. Nesses momentos, apresente diante dele todos os planos e compromissos futuros, perguntando a quais deles você deve ou não se engajar. Anote todos os dias os direcionamentos e palavras que Deus lhe entregar.

9

DEUS TEM UM propósito PARA A SUA vida!

"Abra seu coração para viver os propósitos de Deus com disposição, permitindo que o Senhor transforme sua vida e a use para abençoar aqueles ao seu redor."

Você já deve ter escutado alguém lhe dizer que Deus tem um plano para a sua vida, certo? Isso é totalmente verdade. O Senhor não faz nada à toa. Tudo o que ele realiza tem um objetivo, uma meta, um destino, para a concretização de seus projetos eternos para a humanidade e, acima de tudo, para a glorificação de seu santo nome. Isso é o que costumamos chamar de *propósito*.

Segundo os dicionários, propósito é aquilo que se almeja alcançar, a finalidade, o intuito. Dizem que Deus tem sonhos para nós, mas não consigo me lembrar de nenhuma passagem bíblica que faça essa afirmação. Na realidade, lendo as Escrituras, percebo que o que ele faz é realizar planos e propósitos. O Senhor afirmou: "Desde os dias mais antigos eu o sou. Não há quem possa livrar alguém de minha mão. Agindo eu, quem o pode desfazer?" (Isaías 43.13). Em outras palavras, aquilo que o Senhor tem preparado especificamente para a sua vida vai acontecer.

Mas há alguns "poréns". O primeiro é entendermos a necessidade de sermos fiéis e obedientes a ele, além de perseverantes ao longo do processo. O segundo é compreendermos que o caminho é tão primordial em nossa jornada quanto o destino. O que acontece entre onde estamos e aonde Deus vai nos levar deve receber tanto da nossa atenção quanto o fim do percurso. Afinal, é certo que nesse trajeto passaremos por instantes de paz, em pastos verdejantes, e atravessaremos períodos de sofrimento e vales da sombra da morte. E, nesse curso, as nossas ações e escolhas têm papel fundamental.

Lembra de Abraão? Deus tinha um propósito para a sua vida: ser pai de muitas nações. Porém, entre a promessa e o cumprimento do que o Senhor havia dito àquele homem, muitos, muitos anos se passaram. A espera foi tamanha, que Abraão e Sara, sua esposa, pensaram que deveriam dar uma "mãozinha" na realização do plano divino. Estavam enganados. Deus não precisa de ajuda para concretizar seus propósitos. O que cabe a nós é crer, obedecer e nos mantermos sempre atentos à sua voz.

Repita isto em voz alta:

Operando Deus, ninguém impedirá. Ninguém pode frustrar seus planos!

É por esse motivo que devemos buscar no Senhor o propósito para a nossa vida. Agora, é crucial entendermos a diferença entre os propósitos. No reino de Deus, existem propósitos coletivos — como levar outros a conhecer a salvação por Cristo — e propósitos individuais — que são personalizados. Os coletivos são fáceis de descobrir, pois a Bíblia nos revela com nitidez os planos que o Senhor tem para sua Igreja. Mas os individuais são conhecidos no dia a dia, à medida que andamos com Deus.

Nessa caminhada, devemos procurar conhecê-lo profundamente, desenvolver intimidade com ele e estar dispostas a sermos transformadas e guiadas de acordo com a sua direção. Muitas querem descobrir seu propósito neste mundo, mas não estão prontas a deixar determinados sonhos ou aquilo que já conquistaram, e isso as acaba levando para longe dos planos divinos.

Todas temos sonhos pessoais? Claro que sim. Nosso coração constantemente elabora projetos e tem muitas vontades, porém, ao mesmo tempo que a Escritura diz que "o coração humano é mais enganoso que qualquer coisa (cf. Jeremias 17.9a, NVT), também revela que a vontade de Deus é "boa, agradável e perfeita" (cf. Romanos 12.2). Compreender essas verdades é o primeiro passo para ter ciência de que os planos do Senhor sempre nos levarão para mais perto dele e da verdadeira satisfação.

Vale lembrar que, rumo à concretização dos propósitos divinos, o Senhor certamente usará nossos dons e talentos. Ele nunca jogará fora aquilo que temos e que contribuirá para seus planos. Contudo, o que sabota a vontade de Deus deve ser abandonado. Devemos, então, olhar para as Escrituras e, à luz de seus ensinamentos, abandonarmos o passado e seguirmos adiante, compreendendo que o Senhor pode reformular nossa rota, redirecionar nosso itinerário e brecar nosso avanço quando for necessário.

O propósito vai sendo desenrolado, apresentado e alcançado de forma gradual e crescente, junto à nossa disponibilidade de nos entregarmos, ouvirmos, compreendermos e obedecermos. A obediência, aliás, é um dos elementos principais para que o propósito de Deus se realize em nossa vida de forma suave e sem percalços.

VIVENDO OS PROPÓSITOS DE DEUS PELA OBEDIÊNCIA

Durante muitos anos, alimentei sonhos e projetos que, agora, conhecendo a Bíblia e tendo mais clareza sobre a vontade de Deus para minha vida, sei que me afastavam totalmente de seus propósitos. Meu encontro com Cristo ressignificou minha história, mudou meus valores, transformou minhas metas e revolucionou minhas prioridades. As coisas velhas — entre elas, planos e objetivos —passaram e tudo se fez novo (cf. 2 Coríntios 5.17).

Hoje, todos os meus projetos têm o intuito de realizar a vontade de Deus e agradar-lhe por meio das minhas ações e exemplo. A Karina lavada e redimida pelo sangue do Cordeiro não quer mais ser um modelo de autossuficiência, vaidade e sensualidade, mas uma testemunha do poder transformador de Cristo. Desejo que meus dons, habilidades, criatividade e ideias sejam usados para o cumprimento daquilo que Deus anseia realizar neste mundo.

Em contrapartida, sei que isso exigirá de mim: intimidade, conhecimento de Deus e sua Palavra e obediência. Quanto mais o tempo passa, mais quero conhecê-lo por meio da oração e estudo das Escrituras. Não apenas porque almejo ser uma referência de discípula de Cristo, mas porque anseio estar em sua presença todos os dias. No instante que Jesus me justificou, algo dentro de mim mudou para sempre e, de repente, uma sede sem fim passou a me assolar. Essa sede me leva a desejar estar em sua presença diariamente.

Nesse processo, aprendi a importância da obediência integral. Jesus derramou sua vida preciosa e sem mácula para nos salvar. Ao reconhecermos e recebermos esse sacrifício, Cristo se torna o nosso Salvador, mas é impossível não se tornar também o nosso Senhor. Todo cristão tem um dono. Nossa vida não pertence mais a nós mesmos, e se desejamos viver com plenitude os propósitos divinos em nossa história, temos de aprender a nos submeter à sua vontade, tempo e direção.

De fato, antes de Cristo, eu tinha sonhos que envolviam autorrealização, fama e projeção. Hoje, depois de Cristo, percebo quanto minhas prioridades, motivações e mentalidade mudaram, abrindo espaço para a obediência incondicional a Deus. O meu maior sonho é me tornar parecida com Jesus, ser conhecida por ele, agradar-lhe e cumprir os propósitos do Pai enquanto estou nesta Terra.

É evidente que à medida que caminhamos vamos nos deparando com uma encruzilhada: a nossa vontade *versus* a vontade do Alto, e necessitaremos fazer uma escolha. Nem sempre as decisões são simples. Pelo contrário, na maioria das vezes, elas nos custarão caro.

> *A obediência, por sua vez, sempre nos encaminhará à vida vitoriosa, abundante e plena que o Senhor reservou para aqueles que escolhem se submeter a ele.*

É certo que não tenho conhecimento de todos os passos que precisarei dar. Além disso, nem sempre a minha vontade está alinhada à dele. Mas a cada nova situação, escolho confiar, sub-meter-me e obedecer, pois sei que o Senhor é quem sabe o que eu preciso, e se ele me enviou para algum lugar, tenho convicção de que não irei sozinha, ele estará comigo, dando-me provisão, livramento, estratégias e direção rumo ao cumprimento de suas promessas.

Haja o que houver, acredite: vale a pena obedecer. Ainda que não faça sentido aos seus olhos ou que você deseje outra coisa no momento, decida ser fiel e submissa ao senhorio de Deus, pois ele é bom, confiável, justo e jamais nos desampara.

GRANDES EXEMPLOS

Querida irmã, algo que tenho feito constantemente para me fortalecer, a fim de alcançar os propósitos de Deus em minha vida é me espelhar nos exemplos de personagens bíblicos que, com coragem e força, viveram aquilo que o Senhor desejava para eles. Duas figuras bíblicas inspiradoras, nesse sentido, são Abraão e Maria, a mãe de Jesus. Suas vidas são testemunhos vivos de como a prontidão em seguir os caminhos de Deus nos leva a experiências extraordinárias.

Abraão foi um homem comum, escolhido por Deus para ser o pai de muitas nações. Ele foi chamado para sair de sua terra, de sua parentela e de sua casa e seguir em direção a um local desconhecido que o Senhor prometeu dar a ele. A fé de Abraão, sua rapidez em obedecer e sua coragem em deixar tudo para trás foram recompensadas com uma aliança eterna com o Deus de Israel. O Pai da fé, como também é conhecido, tornou-se o pai de uma grande nação e, por meio de sua descendência, todas as nações serão abençoadas.

DEUS TEM UM PROPÓSITO PARA A SUA VIDA!

Abraão nos ensina que viver os propósitos divinos requer força, coragem e obediência. Ele teve de ser forte e obediente para deixar sua zona de conforto e corajoso para enfrentar o desconhecido e confiar nas promessas do Senhor. Assim como esse grande homem de Deus, somos convidadas a abandonar nossas limitações e confiar que Deus nos guiará e abençoará em cada passo da jornada. Ao sermos corajosas e obedientes, podemos experimentar o cumprimento dos propósitos divinos em nossa vida.

Além do Pai da fé, destaco a vida de Maria, a jovem escolhida pelo Senhor para ser a mãe de Jesus. Ela recebeu uma visita do anjo Gabriel, que lhe anunciou sua participação no nascimento e criação do Salvador. Apesar das incertezas e do medo inicial, a jovem respondeu com submissão: "Sou serva do Senhor; que aconteça comigo conforme a tua palavra" (Lucas 1.38b).

Sua história também nos ensina a necessidade da prontidão, força e coragem para vivermos os propósitos de Deus. Ela enfrentou desafios sociais, questionamentos e dificuldades, mas permaneceu firme e obediente ao plano divino. Sua coragem em abraçar o chamado de ser a mãe de Jesus cooperou para que a maravilhosa providência de redenção e graça atingisse toda a humanidade.

Minha querida irmã, assim como Abraão e Maria, somos chamadas a viver os propósitos de Deus em nossa jornada com prontidão. O exemplo deles nos inspira a confiar na fidelidade de Deus, a obedecer mesmo quando o caminho é incerto, também a nos submeter ao plano divino, independentemente das circunstâncias.

" *Ao sermos corajosas e obedientes, podemos experimentar*

o cumprimento
dos propósitos
divinos em
nossa vida. "

✢ FORTE & CORAJOSA

Em meio aos desafios da vida, lembre-se de que Deus tem um propósito específico para você. Ele a chama para ser uma testemunha viva de seu amor, sua graça e sua redenção neste mundo. Por isso, abra seu coração para viver os propósitos de Deus com disposição, permitindo que o Senhor transforme sua vida e a use para abençoar aqueles ao seu redor.

PASSOS FIRMES

Querida irmã, avance! Deus não deseja ver você estagnada, confusa, perdida, sem saber que rumo seguir. Para que consiga viver em sintonia com a vontade do Senhor e alinhar-se de forma plena ao caminho por onde ele deseja levá-la, permita que eu compartilhe alguns passos práticos, que me encorajam a avançar e me aproximam da presença de Deus.

Há muito ainda pela frente, e não sabemos ao certo tudo o que precisa ser transformado em nós, que desafios enfrentaremos e quais gigantes ainda teremos de derrubar. Então, minha querida, não se esqueça de ser intencional em sua caminhada de fé a cada dia. Leve a sério sua espiritualidade! Deus quer ensiná-la a viver com ousadia, força, coragem e alegria, enquanto você cumpre os propósitos do Alto.

Portanto, antes de tudo, invista tempo e busque conhecer intimamente a vontade de Deus, consciente de que aquela que faz a vontade do Senhor não será frustrada; antes, terá mais paz, força e sabedoria e frutificará em sua vida as sementes celestiais. Ponha o Senhor no centro de tudo e não se distraia com o que é passageiro ou inútil. As distrações fazem com que não notemos pequenos sinais do Céu que nos levarão a alcançar grandes bênçãos.

Mantenha-se conectada com o Espírito Santo dia e noite. Em linguagem bíblica: permaneça com suas lamparinas acesas.

DEUS TEM UM PROPÓSITO PARA A SUA VIDA!

Que nunca faltem orações e o desejo constante da presença de Deus em sua vida. Como nos orientou o apóstolo Paulo, precisamos estar vinte e quatro horas por dia ligadas em cumprir a vontade do Senhor e, com isso, glorificá-lo: "Assim, quer vocês comam, bebam ou façam qualquer outra coisa, façam tudo para a glória de Deus" (1 Coríntios 10.31). Não se esqueça de ser praticante da Palavra e andar no poder de Deus.

Além disso, você precisa fazer escolhas sábias e corajosas, mantendo o foco naquilo que é nobre. Para isso, dependa do direcionamento da Palavra de Deus e do Espírito Santo para aprender a diferenciar o certo do errado. Só assim você se tornará mais madura, sábia e forte para tomar decisões assertivas e inteligentes e aprenderá a escolher bem as suas sementes — pois a lei da semeadura vale para todos: "Não se deixem enganar: de Deus não se zomba. Pois o que o homem semear, isso também colherá" (Gálatas 6.7).

Outro passo prático importante é: se você vive ansiosa, troque a preocupação por orações e ações de graças: "Não andem ansiosos por coisa alguma, mas em tudo, pela oração e súplicas, e com ação de graças, apresentem seus pedidos a Deus. E a paz de Deus, que excede todo o entendimento, guardará o coração e a mente de vocês em Cristo Jesus" (Filipenses 4.6-7). Descanse na verdade de que não há nenhuma situação em sua vida para a qual Deus vire o rosto. Ele quer que você leve até ele cada detalhe, sentimento, fraqueza, acerto e alegria. Portanto, fale com o Senhor sobre absolutamente tudo, em todas as situações, e alimente uma vida de constante oração. Já parou para pensar que isso é sinal de amizade, intimidade e confiança? Se você se devotar a isso diariamente, aprenderá a reconhecer a sua voz e desfrutará de suas respostas, seu toque e sua presença — que é mais importante até mesmo que os propósitos que ele tem para cada uma de nós.

Também é crucial renovar sua mente constantemente, conforme as Escrituras nos orientam:

> [1]Portanto, irmãos, rogo-lhes pelas misericórdias de Deus que se ofereçam em sacrifício vivo, santo e agradável a Deus; este é o culto racional de vocês. [2]Não se amoldem ao padrão deste mundo, mas transformem-se pela renovação da sua mente, para que sejam capazes de experimentar e comprovar a boa, agradável e perfeita vontade de Deus.
>
> (Romanos 12)

Isso significa não perder de vista o que é sagrado, bom, correto, nobre e justo. Temos de decidir com zelo o que iremos consumir. Tome cuidado com aquilo a que dedicará seu tempo e atenção. Troque futilidades pelo que lhe trará sabedoria, aparência por consistência, vaidade por humildade e aprovação do mundo pela aprovação divina. Que, no fim, o seu foco seja ouvir: "Muito bem, servo bom e fiel! Você foi fiel no pouco, eu o porei sobre o muito. Venha e participe da alegria do seu senhor!" (Mateus 25.21).

Querida amiga, lembre-se de que, se Deus é por nós, ninguém será contra nós! Afinal:

> [15][...] pois não temos um sumo sacerdote que não possa compadecer-se das nossas fraquezas, mas sim alguém que, como nós, passou por todo tipo de tentação, porém, sem pecado. [16]Assim, aproximemo-nos do trono da graça com toda a confiança, a fim de recebermos misericórdia e encontrarmos graça que nos ajude no momento da necessidade.
>
> (Hebreus 4)

Jamais se esqueça de que você é uma filha amada de Deus. Ele sempre a receberá de braços abertos e com um coração cheio de amor para curar suas dores e tratar suas feridas. Ele a criou e desenhou um propósito lindo de vida para você.

Portanto, pratique a fé, mantendo a disciplina espiritual, a constância, a confiança inabalável no Senhor e a obediência a ele. Cuide para não se tornar uma cristã morna e rasa, como os cristãos de Laodiceia (cf. Apocalipse 3.15,16).

Por isso, regue, adube e cuide até formar raízes. Posicione-se até a resposta chegar e os planos se cumprirem! Mova-se com esperança e não desista no meio do caminho. Não negocie princípios, não permita que seu coração se contamine e não pare pelo cansaço — antes, dedique-se para que as sementes comecem a formar suas raízes, desenvolvam-se numa árvore linda e frondosa, que produzirá frutos deliciosos.

Se a luta ficar muito aguerrida, tome posse de suas armas. Nada pode impedi-la de orar, louvar e adorar a Deus. Pense no exemplo de Paulo e Silas na prisão:

> [25]Por volta da meia-noite, Paulo e Silas estavam orando e cantando hinos a Deus; os outros presos os ouviam. [26]De repente, houve um terremoto tão violento que os alicerces da prisão foram abalados. Imediatamente todas as portas se abriram, e as correntes de todos se soltaram. [27]O carcereiro acordou e, vendo abertas as portas da prisão, desembainhou sua espada para se matar, porque pensava que os presos tivessem fugido.
>
> (Atos 16)

Creia e tenha convicção de que o seu testemunho de fé tem o poder de transformar a vida de muitas pessoas. Então, alegre-se no Senhor! Encha-se de Deus! Viva com fé, coragem

FORTE & CORAJOSA

e esperança! Não se deixe intimidar ou abater. Não permita que o mundo roube sua alegria. Pois, se persistir e se entregar aos pés do Senhor dia após dia, você terá uma jornada vitoriosa rumo ao cumprimento dos propósitos divinos para sua vida.

Vamos Orar

Querida amiga, Deus tem planos maravilhosos para você. Ele quer sarar suas feridas, encher seus cântaros e renovar a sua história. Deus a ama e almeja ter um relacionamento íntimo com você, no qual vai transformar o seu coração, ressignificar seus dias e usar a sua vida para a salvação de almas, a edificação da Igreja e a glória de seu majestoso nome! Cheia dessa certeza, ore comigo.

Querido Pai, que glorioso é saber que minha vida está em suas mãos e que o Senhor conduz cada passo da minha caminhada. Eu tenho muitos sonhos, mas eles só terão valor se estiverem alinhados com os seus maravilhosos propósitos. Por isso, peço que tome à frente de meus pensamentos, palavras e atitudes, para que eu siga firme e decididamente até o destino traçado para mim.

Sei que nenhum dos seus planos pode ser frustrado e que operando o Senhor, ninguém pode impedir. Por outro lado, também sei que, nessa estrada, posso tomar

DEUS TEM UM PROPÓSITO PARA A SUA VIDA!

decisões erradas e tumultuar minha trajetória até o cumprimento da sua vontade. Quero viver em paz e obediência e, por isso, peço que me mostre, pelo poder do seu Espírito, o caminho certo a percorrer.

Que o exemplo de Cristo seja sempre um farol em minha vida, guiando-me e mostrando-me como proceder com o Senhor e com o próximo. Ajude-me a ser obediente, humilde, firme, forte e corajosa em todas as situações.

Além disso, oro para que, acima de tudo, eu seja fiel ao Senhor em cada ato de minha história.

Que assim seja, em nome de Jesus!

1. Traga à memória

Em sua avaliação, quais são os maiores obstáculos que você tem enfrentado para que os propósitos de Deus se cumpram em sua vida?

_____

_____

_____

_____

_____

_____

_____

✢ FORTE & CORAJOSA

---

2. Rumo à solução

Agora que você identificou os maiores entraves ao cumprimento dos planos de Deus para você, liste o que pretende fazer, de forma prática, para superar cada um deles, forte e corajosamente, com a ajuda divina.

---

3. Ore especificamente

Após identificar os obstáculos e traçar resoluções práticas, ore especificamente, e em voz alta, para que o Senhor a ajude e fortaleça na luta para vencer cada uma dessas dificuldades. Não esqueça de citá-las uma a uma.

10

SEJA FORTE E

corajosa

COMO

Jesus!

"Busque conhecer o
Senhor mais e mais,
ande com ele em
cada instante da jornada
e permita que ele a
fortaleça e capacite."

Jesus é uma inspiração que transcende qualquer expectativa ou padrão. Ninguém foi nem será mais exemplar, puro e influente do que ele. É por esse motivo que o nosso Senhor deve ser a nossa meta, o nosso modelo supremo em todas as áreas da nossa vida, até mesmo, de força e coragem.

Quando atentamos para a vida de Cristo, encontramos inúmeras referências poderosas acerca de sua força. Desde o momento em que ele enfrentou as tentações no deserto, resistindo a todo tipo de artimanha do Inimigo, até o seu sacrifício na cruz, onde suportou dores indescritíveis por amor a nós, Jesus foi e é o alicerce da nossa força. Nele encontramos a motivação e o poder para responder a qualquer desafio que se apresente diante de nós.

Além da força, Jesus revelou coragem em cada passo que deu nesta Terra. Ele confrontou as autoridades religiosas com a verdade, mesmo sabendo das consequências. Ele encarou multidões famintas, multiplicando pães e peixes para saciar sua fome. Andou sobre as águas, mostrando-nos que o medo não pode nos paralisar. E, acima de tudo, enfrentou a morte e a venceu, ressuscitando para nos dar a esperança eterna.

Para sermos fortes e corajosas como Cristo, é necessário estarmos em constante comunhão com o Senhor. Devemos conhecê-lo cada vez mais, mergulhando nas Escrituras, buscando sua presença em oração e cultivando um relacionamento íntimo com ele. Em Oseias 6.3a, o profeta diz: "Conheçamos o Senhor; esforcemo-nos por conhecê-lo". Essa deve ser a nossa busca diária.

Entenda algo essencial:

Quando andamos com Deus, ele nos capacita a sermos fortes e corajosas em todas as áreas da vida!

O Senhor nos fortalece em meio às tribulações, dá-nos coragem para enfrentar nossos medos e nos conduz por caminhos seguros. Andar com Deus nos torna mais parecidas com Jesus, moldando o nosso caráter e nos capacitando a viver de acordo com seus princípios e valores.

Minha querida irmã, não importa quais sejam os desafios que você está enfrentando. Lembre-se de que Cristo é o nosso exemplo, e se ele foi capaz de ser tentado em tudo e permanecer fiel e constante até o fim, nós também somos, com a ajuda divina. Busque conhecer o Senhor mais e mais, ande com ele em cada instante da jornada e permita que ele a fortaleça e capacite. Você não está sozinha! Afinal, nosso Deus é poderoso e está ao seu lado em todos os momentos.

Minha oração por você é que o exemplo de Jesus a inspire a ser um pequeno Cristo nesta Terra. Que suas atitudes e pensamentos estejam sempre em concordância com o padrão que ele nos deixou. Tenha sempre em mente as palavras do apóstolo Paulo: "Tudo posso naquele que me fortalece" (Filipenses 4.13). Seja forte e corajosa como Jesus, pois ele é a nossa maior fonte de inspiração e de certeza de que, se estivermos firmes em Deus, conseguiremos superar qualquer obstáculo.

ENCORAJADA PELO EXEMPLO DE CRISTO

Jesus nos ensinou a ser íntegras e sempre exercer o amor em todas as circunstâncias, e acredito que esse deve ser o caminho que temos de trilhar o tempo inteiro. Além disso, o Senhor nos instrui a não negar a nossa fé ou nos anular diante de um mundo que pensa diferente, mas a ser luz genuinamente, levando a Palavra de Deus com amor e ousadia. Entretanto, não quer dizer que essas sejam tarefas fáceis de colocar em prática. Eu me vejo nessa caminhada, enfrentando várias dificuldades, pois muitas pessoas não desejam aceitar nem ouvir a mensagem do Evangelho, até tentam nos desencorajar. Contudo, nosso papel é sermos fiéis e obedientes ao Senhor, aproveitando todas as oportunidades para manifestar o Reino de Deus, testificarmos da verdade e amarmos a Deus e ao nosso próximo como a nós mesmas.

Ao longo dos meus anos de conversão, persisto não apenas em falar da Palavra de Deus, mas principalmente em viver o que ela me ensina. Todo dia aprendo um pouco mais acerca do Senhor e seu caráter. Mesmo diante de pressões externas e espirituais, o exemplo de Jesus me move e encoraja diariamente.

Cristo fez tudo por nós: "Mas ele foi transpassado por causa das nossas transgressões, foi esmagado por causa de nossas iniquidades; o castigo que nos trouxe paz estava sobre ele, e pelas

✚ FORTE & CORAJOSA

suas feridas fomos curados" (Isaías 53.5). Cristo, o ungido de Deus, entregou a si mesmo em nosso lugar e, em tudo, foi vencedor. Ele nos mostrou que é possível termos uma vida vitoriosa neste mundo presente. Portanto, mesmo que também encaremos sofrimento, dor, perdas, tristeza e cansaço, em Cristo também podemos vencer e desfrutar de uma vida abundante e vitoriosa.

Andar com Deus vale a pena. Cada momento, mesmo nas perseguições, nos embates diários e nos obstáculos, vale a pena se ele está conosco.

JESUS: PADRÃO A SER SEGUIDO

A força e a coragem sempre foram duas características que busquei desenvolver em minha vida. Não à toa, esse acabou se tornando o título e o tema central deste livro. Ao analisar a vida de Jesus, percebo muito dessa força e coragem, mas não acredito que elas se refiram à força bruta. Até porque, é possível ser forte sem perder, em nosso caso, a feminilidade, por exemplo. Creio que, como cristãs, ser forte significa nos mantermos firmes naquilo que nos leva rumo ao cumprimento do propósito divino; é vivermos confiantes, em oração, em intimidade, para que a voz de Deus fale mais alto que a voz do mundo, para que a aprovação do Senhor seja mais importante que a aprovação dos seres humanos.

Como podemos encontrar isso em Cristo? É verdade que ele é apresentado como o Cordeiro, que é manso, mas não para por aí. Ele também é retratado na Bíblia com a força de um animal que simboliza firmeza, solidez e majestade: o leão. Acredito que sua humildade, obediência e autenticidade são a base de sua força.

SEJA FORTE E CORAJOSA COMO JESUS!

Na visão do apóstolo João, registrada no livro de Apocalipse, há uma prova cabal dessa realidade. João vê Deus assentado no trono e, em sua mão direita, um livro escrito por dentro e por fora e lacrado com sete selos. É quando um anjo poderoso pergunta em alta voz: "Quem é digno de romper os selos deste livro e abri-lo?". Contudo, não havia ninguém no Céu, nem na Terra, nem debaixo da terra, que pudesse abrir o livro e lê-lo.

João conta que começa a chorar muito, pelo fato de ninguém ser digno de abrir o livro e lê-lo, mas um entre vinte e quatro anciãos que estavam ao redor do trono lhe diz: "Então um dos anciãos me disse: 'Não chore! Eis que o Leão da tribo de Judá, a Raiz de Davi, venceu para abrir o livro e os seus sete selos'" (Apocalipse 5.5). O curioso é que, quando João olha, o que ele vê não é um leão, e sim um cordeiro, que parecia ter sido sacrificado, mas estava em pé entre o trono e outros seres celestiais.

A visão é clara sobre o exemplo de Jesus para nós: no cumprimento de seu propósito, ele se entregou como um cordeiro humilde e manso. Todavia é, ao mesmo tempo, o leão forte, poderoso e destemido que conquista as nações, vence as forças da maldade e implementa novos Céus e nova Terra! Que coisa linda! Que extraordinário!

Assim devemos ser nós, também, em nossa jornada em direção ao destino que Deus tem para a nossa história: precisamos ter a humildade necessária para aprender todos os dias e reconhecer nossas falhas, mas com força, coragem e firmeza para não desistir, e permanecer em santidade, crescendo no conhecimento de Deus. Assim, precisamos desejar ser como Jesus:

✣ FORTE & CORAJOSA

fortes como um leão sem deixar de ser humildes como um cordeiro!

Por longos anos da minha vida, força e coragem foram qualidades que busquei e, de certa forma, apoderei-me para determinar minhas decisões e atitudes. Hoje, diante de tudo o que vivi, e entendendo que muitas mulheres também buscam em si mesmas um respaldo para enfrentarem as circunstâncias e seus próprios medos, percebo que, mais do que nunca, força e coragem são temas importantes de serem revistos com olhos espirituais e direcionamento bíblico.

Num mundo onde mulheres estão a cada dia conquistando mais espaços e tendo oportunidades de avanço, não devemos perder de vista o que realmente importa e que nos garante vitória espiritual, emocional, física e mental. A força e a coragem, antes, eram vistas como atributos mais masculinos, mas, hoje, são características muito almejadas pelas mulheres, e acredito que devam ser, porém, com sabedoria e discernimento.

Em minha jornada, compreendi na prática que essa busca por nossos objetivos nos faz avançar, entretanto o destino depende de cada escolha que fazemos. Em outras palavras, a força e a coragem, se mal direcionadas, podem arruinar uma vida toda e levar à infelicidade e destruição.

Eu, definitivamente, desejo ser forte e corajosa e desejo que todas nós sejamos. Aliás, não só isso, mas: fortes, corajosas, doces, sábias, amorosas, cheias de vigor e sensibilidade, pacientes, determinadas, perseverantes e fervorosas na fé. A diferença é que, agora, entendo que todos esses atributos são encontrados em Cristo, e não em mim mesma. Sozinhas, nada podemos fazer. Porém, com o nosso Deus, podemos saltar muralhas (cf. Salmos 18.29).

Minha querida irmã, haja o que houver, escolha depender de Deus e seguir o seu exemplo por meio de Cristo. É certo que no meio do caminho haverá pedras, dificuldades, aflições e angústias. Jesus nos disse que seria assim. Mas o nosso destino é glorioso! O seu destino é de glória eterna! Assim como prometeu o apóstolo Paulo: "Pois estas aflições pequenas e momentâneas que agora enfrentamos produzem para nós uma glória que pesa mais que todas as angústias e durará para sempre" (2 Coríntios 4.17, NVT).

Portanto, tome para si essa promessa com determinação, constância e confiança, assim como Jesus fez. Não se esqueça: viver nesta Terra é para os fortes e corajosos.

PASSOS FORTES E CORAJOSOS

A Bíblia nos mostra, em inúmeras passagens, a importância de sermos corajosas e fortes diante dos desafios que encaramos. Isso não quer dizer que, de uma hora para outra, nós nos tornaremos assim. Foi justamente por isso que separei alguns passos práticos que aprendi e tenho tentado aplicar em minha jornada nessa busca por me transformar em uma mulher genuinamente forte, corajosa e confiante à luz da Palavra.

Primeiro, é essencial conhecer profundamente as Escrituras. Por quê? Porque a Bíblia é o manual divino que nos ensina sobre a vida de Jesus e nos revela o caráter de Deus. Ao estudarmos a Palavra com dedicação, encontraremos instruções valiosas para lidar com os desafios diários. Esteja disposta a mergulhar nas páginas sagradas e permita que ela se torne a bússola que guia os seus passos.

" Ser forte significa nos mantermos firmes naquilo

que nos leva rumo
ao cumprimento
do propósito
divino. **"**

✣ FORTE & CORAJOSA

Além disso, é indispensável cultivar uma vida de oração constante. Afinal, a oração é uma das armas mais poderosas que temos como filhas de Deus. Comunicar-se com o Pai celestial fortalece nossa intimidade com ele e nos dá coragem para responder aos obstáculos da vida. Reserve momentos diários para orar e buscar a presença de Deus. Abra seu coração e compartilhe suas alegrias, suas lutas e seus sonhos com ele. Lembre-se de que o Senhor é o seu maior conselheiro e amigo fiel.

Em terceiro lugar, não desista de viver uma vida de obediência. Jesus é o nosso exemplo perfeito de obediência ao Pai. Ele disse: "Se vocês me amam, obedecerão aos meus mandamentos" (João 14.15). A obediência a Deus não é uma tarefa fácil, mas é um caminho que nos leva à verdadeira liberdade e satisfação. Esteja disposta a renunciar às próprias vontades e seguir os ensinamentos de Jesus. Ao confiar na direção dele, você encontrará força para enfrentar qualquer desafio que surgir.

Além dos pontos que mencionei, é importante cultivarmos relacionamentos saudáveis, pois a comunhão com outros cristãos é vital para o nosso crescimento. Busque se conectar com irmãs em Cristo que compartilham dos mesmos valores e objetivos. Juntas, vocês poderão encorajar-se mutuamente, orar umas pelas outras e dividir experiências que as fortalecerão. Esteja aberta para receber apoio e incentivo, mas também esteja disposta a ser uma fonte de força e coragem para outras pessoas.

Por fim, nunca deixe de confiar no poder e direção do Espírito Santo. Jesus prometeu enviar o seu Santo Espírito para nos consolar, guiar e capacitar. A terceira pessoa da Trindade é o agente divino que nos fortalece e nos dá coragem para enfrentar qualquer desafio que nos seja apresentado. Abra o

— 208 —

seu coração para a atuação do Espírito Santo em sua vida, permitindo que ele dirija cada passo que você dá. Deixe que ele a preencha com sua presença e poder e a capacite a ser forte e corajosa em todas as circunstâncias.

Querida irmã, espero que tenha aproveitado cada segundo desta leitura e que esteja mais firme agora do que no início destas páginas. O meu desejo é que seu coração celebre diariamente a divina esperança encontrada no Evangelho, e que ela a impulsione a uma vida fortalecida, corajosa, redimida e santificada. Que você possa se alimentar da sabedoria do Alto, ter a certeza do amor e da grandeza de Deus, e que, assim, prossiga e persevere na busca pela sua face em todos os momentos. Oro para que você flua em graça, prospere no conhecimento do Senhor e compartilhe de sua maravilhosa presença e salvação.

Espero que, após ter dado início a uma sondagem profunda, percepção e confissão de suas imperfeições, siga encorajada e convicta da certeza de que se permanecer consagrando sua vida a Cristo, você se tornará mais forte na fé e no caminho que ele, com sua infinita criatividade e primor, planejou para você.

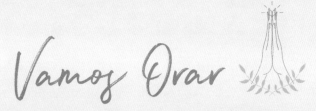

Amada amiga, Deus não nos dá espírito de covardia ou fraqueza! Todas aquelas que estão em Cristo têm a capacidade de ser fortalecidas e encorajadas, com base no exemplo de nosso maravilhoso Salvador. Convicta dessa verdade, ore comigo.

✝ FORTE & CORAJOSA

Querido Pai celestial, que exemplo maravilhoso para nós é o Senhor Jesus! Como é extraordinário olhar a vida e os ensinamentos de seu Filho e receber toda a inspiração de que precisamos para nos tornar fortes e corajosas!

Peço que nos ajude a sermos fortes e corajosas como Cristo. Conceda-nos um profundo amor pela sua Palavra, e que ela seja a bússola que guia nossos passos. Fortaleça a nossa vida de oração, para que encontremos no Senhor a coragem necessária para enfrentar os desafios.

Pai amado, peço ainda que capacite cada uma de nós a viver uma vida de obediência, seguindo os ensinamentos de Jesus. E, por último, clamo ao Senhor que nos guie no cultivo de relacionamentos saudáveis, e encontremos apoio e encorajamento em outros cristãos. Que seu amor, paz, força e coragem sempre estejam sobre nós, e que, acima de tudo, nunca falte a sua presença em nossa vida ao longo da jornada.

Que assim seja, em nome de Jesus!

1. TRAGA À MEMÓRIA

Analisando a sua vida, você acredita que existe alguma área que não está cem por cento alinhada ao caráter e propósito de Deus? Se sim, nomeie cada uma delas.

_____

_____

SEJA FORTE E CORAJOSA COMO JESUS!

2. RUMO À SOLUÇÃO

Diante de tudo o que você leu, como pode se tornar mais parecida com Cristo e obediente à sua Palavra? Liste quais atitudes práticas pretende tomar para alcançar esses objetivos.

3. DÊ UM PASSO ALÉM

Escreva a seguir quais os maiores aprendizados que teve ao longo deste livro, medite e compartilhe com outras mulheres a sua jornada de leitura com +*Forte e Corajosa* e seja também um impulso de força e encorajamento divinos para os outros ao seu redor.

Mensagem final

Minha querida irmã em Cristo,

é com imensa gratidão que concluo este livro. Minha intenção sempre foi plantar sementes em solo fértil, esperando que cada palavra registrada nas páginas desta obra fosse regada com verdade, pensamentos elevados e conhecimento do Alto.

Desejo sinceramente que você se permita ser cuidada pelo Criador, viva uma vida plena e segura com ele e floresça no maravilhoso jardim de Deus. Que você continue a regar e fortalecer suas raízes com carinho e espalhe os frutos de sua fé por este mundo.

Quero encorajá-la a confiar plenamente no Senhor e a manter sua mente voltada para ele, dia e noite. É certo que nem sempre entenderemos tudo ao longo do percurso, mas se confiarmos em Deus, jamais seremos abaladas ou frustradas. Felizes são os que nele esperam.

Nesse processo, vale lembrar da afirmação do profeta Isaías: "No arrependimento e no descanso está a salvação de vocês, na quietude e na confiança está o seu vigor [...]" (Isaías 30.15). Que essas palavras ecoem em seu coração, minha amiga. Saiba que você é capaz de encontrar força e coragem em Deus, e ele se alegra em ensinar-lhe e guiá-la. Continue confiando, perseverando e buscando ao Senhor, pois ele é fiel em cumprir suas promessas e cuidar de você.

✠ FORTE & CORAJOSA

Encerro esta obra com a certeza de que você será fortalecida, encorajada e abençoada ao trilhar o caminho da fé. Tenha em mente que o Deus que enxuga cada lágrima e aplaina o seu caminho está ao seu lado todos os dias.

Oro para que sua vida seja um testemunho vivo do amor e da graça divina e que, a cada dia, você se torne ainda mais forte e corajosa.

Agora é a sua vez. Após todas as ministrações ao longo dos capítulos, escreva a seguir sua própria oração ao Senhor, firmando um compromisso de se aprofundar ainda mais no relacionamento com ele daqui em diante.

_____

_____

_____

_____

_____

_____

_____

_____

_____

Gostaria que finalizássemos este livro elevando juntas uma oração, assim como fizemos em cada capítulo:

MENSAGEM FINAL

Vamos Orar

Querido Pai, que conhece a profundidade do meu amor: sei que já me deu tudo com sua imensurável bondade e por meio dos inesquecíveis sinais da sua presença, mas permita-me entregar-lhe um pedido sincero no instante em que finalizo esta obra gerada na intimidade das nossas conversas diárias.

Que sempre possamos, com entusiasmada perseverança, estar abertas para receber suas surpresas; nos manter motivadas diante das realizações que dependem das nossas ações e orações; e nos encontrar alertas à sua voz e às suas ordenanças. Oro para que por intermédio da minha vida e da de cada leitora que percorrer estas páginas, muitas pessoas conheçam-no e recebam a Cristo como Senhor e Salvador. Peço também para que, juntas, possamos permanecer ativas, celebrando a restauração, servindo ao Senhor Deus de todo coração e mente e abraçando com alegria o que o Espírito Santo está fazendo dentro de nós.

O meu desejo é que permaneçamos trilhando os seus caminhos, sejamos cheias de vida e luz e desfrutemos da graça soberana do Pai para que, assim,

FORTE & CORAJOSA

o Senhor faça morada eterna em nós e nos permita transbordar esse presente precioso em todos os lugares onde pudermos alcançar.

Além disso, clamo para que estejamos constantemente atentas às sementes depositadas em nós e que façamos delas um grande jardim que destila o doce aroma do Céu — com flores, frutos e árvores enraizadas na verdade do seu Reino.

Que assim seja. Em nome de Jesus, amém.

Com todo amor do meu coração e as bênçãos de Deus sobre a sua vida me despeço nesse breve momento, no desejo de continuarmos juntas diariamente até a valiosa eternidade, entregando toda honra e glória por cada instante e conquista a ele, por ele e para ele: Jesus!

Gratidão,

Karina Bacchi

ESCREVA AQUI
SUAS ANOTAÇÕES

Querida irmã,
tenho mais um convite para lhe fazer!

Vamos juntas crescer ainda mais na fé? Acesse o +Forte Podcast, no meu canal do YouTube [karina.bacchi], e conheça vários testemunhos impactantes e edificantes dos convidados que recebo semanalmente.

Além disso, todos os dias, você pode acessar conteúdos inéditos, como a leitura bíblica de Salmos e Provérbios, diversas *lives* e meu documentário "KARINA EM ISRAEL – Caminhando pela Bíblia", feito com muito carinho para você!

Quem sabe, um dia, também não possamos viajar juntas para a Terra Santa?

Espero você!
Deus a abençoe grandemente.

youtube.com/@karina.bacchi

@karinabacchi
@maisforte.podcast

Acesse o QR-CODE e siga nossas redes sociais.

Esta obra foi composta em *GoudyOlSt BT*
e impressa por Gráíica Expressão e Arte sobre papel
Offset 75 g/m^2 para Editora Vida.